Deveres de Consideração nas Fases Externas do Contrato

RESPONSABILIDADE CIVIL PRÉ E PÓS-CONTRATUAL

Deveres de Consideração nas Fases Externas do Contrato

RESPONSABILIDADE CIVIL PRÉ E PÓS-CONTRATUAL

2015

Karina Penna Neves

DEVERES DE CONSIDERAÇÃO NAS FASES EXTERNAS DO CONTRATO
RESPONSABILIDADE CIVIL PRÉ E PÓS-CONTRATUAL

AUTOR: Karina Penna Neves
DIAGRAMAÇÃO: Edições Almedina, SA
DESIGN DE CAPA: FBA
ISBN: 978-858-49-3002-9

Dados Internacionais de Catalogação na Publicação (CIP)
(Câmara Brasileira do Livro, SP, Brasil)

Neves, Karina Penna
Deveres de consideração nas fases externas do contrato : responsabilidade pré e pós contratual / Karina Penna Neves. -- 1. ed. -- São Paulo : Almedina, 2015.
ISBN 978-85-8493-002-9
1. Advogados - Direitos e deveres 2. Contratos (Direito civil) 3. Responsabilidade civil 4. Responsabilidade civil - Brasil I. Título.

15-00695 CDU-347.51(81)

Índices para catálogo sistemático:
1. Brasil : Responsabilidade civil : Direito civil 347.51(81)

Este livro segue as regras do novo Acordo Ortográfico da Língua Portuguesa (1990).

Fevereiro, 2015

EDITORA: Almedina Brasil
Rua José Maria Lisboa, 860, Conj.131 e 132, Jardim Paulista | 01423-001 São Paulo | Brasil
editora@almedina.com.br

www.almedina.com.br

Dedico este livro aos meus amados pais, Luiz e Vivi,
com muito carinho e gratidão.

PREFÁCIO

A autora deste livro, Karina Penna Neves, advogada em São Paulo, foi minha orientanda no Curso de Mestrado em Direito Civil na Pontifícia Universidade Católica de São Paulo (PUC-SP), na linha de pesquisa *Efetividade do Direito Privado e Liberdades Civis* e aluna na disciplina *Danos na pós-modernidade, solidariedade e reparação.*

Esta obra é o resultado de sua bem estruturada dissertação de Mestrado e excelente defesa em Banca composta por mim e pelos professores doutores Rômolo Russo Junior e Frederico da Costa Carvalho Neto.

Trata-se de tema de inegável importância e atualidade, uma vez que é indispensável um comportamento ético, correto, equânime entre os contratantes, atitude que beneficia não apenas as partes envolvidas, mas uma gama de pessoas que, direta ou indiretamente, seriam indevidamente beneficiadas ou prejudicadas pela violação dos deveres gerais de conduta ou de consideração, também denominados anexos ou laterais.

Neste trabalho a autora analisa os deveres de consideração (lealdade, informação, sigilo e proteção), decorrentes da boa-fé objetiva, não apenas nas relações de Direito Civil, como também nas de consumo, além de enfrentar esse tema no âmbito constitucional, relacionando-o aos princípios da dignidade da pessoa humana e solidariedade, bem assim ao abrigo da justiça social.

Os deveres de consideração neste estudo transcendem a seara contratual e abarcam a fase que antecede a celebração da avença, denominada *pré-contratual*, sistematizada por Ihering sob a nomenclatura *culpa in contrahendo.* Da mesma forma e com precisão, a autora faz esse mesmo exame na fase posterior à conclusão e extinção da relação obrigacional (*responsabilidade civil pós-contratual*), também conhecida como *culpa post pactum finitum,* instituto pouco estudado nos planos nacional e internacional.

Portanto, a obra aqui apresentada demonstra a relevância dos deveres de consideração que, embora não previstos contratualmente ou de forma expressa no texto legal, são imprescindíveis para que uma relação jurídica possa ser tida como equilibrada, justa, equânime. Nas relações de consumo, por outro lado, há previsão legal acerca desses deveres de conduta, o que os tornam não apenas comportamentos que derivam da boa-fé objetiva, mas resultantes de norma expressa.

Examina a autora, ainda, a questão concernente à segurança jurídica, tema atualmente recorrente, diante das transformações sociais, econômicas, políticas e tecnológicas que estamos a suportar nos últimos decênios, com reflexos diretos no campo do direito. Se antes o que se preconizava era a segurança jurídica, amparada em um sistema fechado, desde o advento da Constituição Federal, Código de Defesa do Consumidor e atual Código Civil, a meta tem sido a busca por um comportamento ético em qualquer relação jurídica, razão pela qual o estudo dos deveres de consideração são fundamentais para a construção de uma sociedade justa.

Há verdadeira mudança conceitual do direito obrigacional, que é expressa nesta obra, pois se anteriormente ao texto constitucional de 1988 um contrato se concretizava com a vontade das partes, sua força obrigatória e, em alguns casos, mediante a escolha da forma adequada, hodiernamente exige-se, antes de tudo, um vínculo que seja justo, que atenda fundamentalmente à essência de um pacto, ou seja, a ideia de comutatividade, que representa verdadeiro equilíbrio entre prestação e contraprestação, além de um comportamento em consonância com a boa-fé, caracterizando, dessa forma, a função social da avença.

Portanto, esse comportamento ético que atualmente se exige dos contraentes deve ser verificado antes mesmo do início do liame obrigacional, durante a fase de execução e após a sua extinção.

Assim, recomendo esta obra aos advogados, magistrados, membros do Ministério Público e estudantes de direito.

Rogério Donnini

Professor do Programa de Mestrado e Doutorado da PUC-SP, da Escola Paulista da Magistratura e da *Facoltà di Giurisprudenza della Seconda Università degli Studi di Napoli.* Livre-docente, Doutor e Mestre em Direito Civil pela PUC-SP. Presidente da Academia Paulista de Direito.

APRESENTAÇÃO

O trabalho *Deveres de consideração nas fases externas do contrato* coroa a trajetória da Autora Karina Penna Neves no prestigiado núcleo de mestrado em Direito Civil da PUC-SP, orientada pelo Prof. Dr. Rogério José Ferraz Donnini.

Tive o privilégio de acompanhá-la desde os primeiros *ensaios* deste resultado que hoje é ofertado ao público enquanto, à época, assistente da Cadeira de *Negócio Jurídico*, coordenada pelo Prof. Dr. Giovanni Ettore Nanni no segundo semestre de 2012.

Desde aquele primeiro contato, ficou inequívoco para mim o talento da Autora na exposição das suas ideias e transparente dom para docência, sem se esquivar da necessária humildade para absorver as críticas, qualidade inexorável ao aprendizado constante, sempre com muita alegria e espontaneidade, traços típicos de sua personalidade.

Aliás, o livro que hoje é ofertado ao público não esconde a *experiência* da Autora: Advogada de destaque no mercado, relatora de uma das Turmas do Tribunal de Ética e Disciplina – uma experiência ímpar de avaliação de situações jurídicas em que a boa-fé está também em jogo – sem contar sua dedicação aos órgãos *culturais*, revelada na sua participação efetiva no Instituto dos Advogados de São Paulo (IASP), instituição que este ano completa 140 anos, composta pelos mais seletos juristas da Federação, instituição esta que, na qualidade de Diretor Cultural, tive orgulho de recomendá-la e acolhê-la no dia de sua posse.

Deveres de consideração – a partir da leitura e entendimento da boa-fé objetiva nas fases *externas* de uma situação contratual típica – tem sido uma preocupação comum dos civilistas no século XXI, especialmente diante do texto proposto pelo Código Civil de 2002 que, como se sabe, inaugura (ou ao menos consolida) um formato diferenciado de legislar no ordenamento jurídico brasileiro, distanciando-se do formato *casuístico* proposto em 1916 e, através das *cláusulas gerais,* abre-se portas aos *valores* e *princípios* presentes na sociedade, aplicando-os na vida do cidadão comum, objeto da incidência do Direito Privado.

Eis aí o ponto central do Livro, que lembra, num primeiro momento, que o Código Civil não *positivou* expressamente a responsabilidade *pré* e muito menos a *pós-contratual.*

Cumpre lembrar que, por tal razão, consta do Projeto nº 6.960/02 proposta de alteração do artigo 422 Código Civil, que passaria a ter a seguinte redação: "*os contratantes são obrigados a guardar, assim nas negociações preliminares e conclusão do contrato, como em sua execução e fase pós-contratual, os princípios de probidade e boa-fé e tudo mais que resulte da natureza do contrato, da lei, dos usos e das exigência da razão e da equidade*".

Segundo o Projeto, "*o artigo 422 do Código Civil de 2002 apresenta insuficiências e deficiências, na questão objetiva da boa-fé nos contratos, sendo que as principais insuficiências convergem às limitações fixadas (período da conclusão do contrato até a sua execução), não valorando a necessidade de aplicações da boa-fé às fases pré-contratual e pós-contratual, com a devida extensão do regramento*".

Tal proposta foi rejeitada. Consta do parecer do Deputado Vicente Arruda, relator nomeado para a apreciação do Projeto nº 6.960/02 na Comissão de Constituição, Justiça e Redação da Câmara dos Deputados a fundamentação de rejeição: "*Pela manutenção do texto*[atual 422], *que fala em "conclusão do contrato", que compreende a fase de negociação, elaboração, assinatura, e da sua "execução", que compreende o cumprimento ou descumprimento das obrigações contratuais, bem como a solução dos conflitos entre as partes. Não devemos ceder à tentação de deixar tudo explícito, até mesmo o óbvio*".

Para alguns, tal alteração deveria ser imediatamente incluída no Código Civil[1]. E não se deixando se tentar pelo *óbvio,* entra o papel fundamental da Autora Karina Penna Neves.

[1] "O art. 421 se limita ao período que vai da conclusão do contrato até a sua execução. Sempre digo que o contrato é um certo processo em que há um começo, prosseguimento, meio e fim. Temos fases contratuais – fase pré-contratual, contratual propriamente dita e pós-contratual. Uma das possíveis aplicações da boa-fé é aquela que se faz na fase pré-contratual, fase essa em que temos as negociações preliminares, as tratativas. É um campo propício para o comportamento de boa-fé, no qual ainda não há contrato e podem-se exigir aqueles deve-

A ausência de previsão expressa no Código Civil, de maneira alguma, impede o trabalho do intérprete que deve encontrar, na expressa *cláusula geral de boa-fé,* na concepção *social* do contrato, bem como na metodologia *civil constitucional* a aplicação da responsabilidade *pré* e *pós-contratual,* especialmente na sua variante *do dever de consideração* que, nas palavras de Karina Penna Neves são os "*deveres laterais, deveres de cooperação, acessórios, anexos, são deveres relacionados a normas de conduta comportamental, ao agir de forma ética, honesta, escorreita em todo o trato da vida civil, inclusive quando as partes não estão vinculadas sob a amarra de um contrato*", ou seja, desde a fase que antecede o consenso até o momento posterior à extinção.

Lembrando o que diz Eros Grau, no direito, *arte alográfica,* a norma encontra-se em estado de potência, *involucrada* no enunciado (texto ou disposição), cabendo ao intérprete *desnudá-la.* Ao desvencilhar a norma de seu invólucro, o intérprete também produz norma[2], superando qualquer omissão do texto normativo, sendo possível concluir, assim, que responsabilidade pré e pós-contratual no novo Código Civil, diante das premissas levantadas pela Autora, não requer um árduo exame.

Mas isso não quer dizer que hoje – frente à banalização da boa-fé – não necessitamos de boa doutrina que tenha como objetivo a *estabilização dos conceitos,* coibindo abusos, exageros e sacralização de um único entendimento a uma cláusula geral naturalmente *proteiforme,* necessariamente adaptável, de maneiras diferentes, em *situações contratuais extrapatrimoniais* e situações envolvendo *lucro.* Há muito a ser dito sobre o tema, ainda que passados quase treze anos de promulgação do Código Civil.

res que uma pessoa deve ter como correção de comportamento em relação ao outro." (...) "A terceira insuficiência [do art. 421] é na fase pós-contratual, porque se está dito "boa-fé na conclusão" e "na execução", nada está dito sobre aquilo que se passa depois do contrato. Isso também é assunto que a doutrina tem tratado – a chamada "responsabilidade pós-contratual" ou *post pactum finitum.* Portanto, o art. 421 está insuficiente, pois só fala em conclusão – o momento em que se faz o contrato – e execução. Não fala nada do que está para depois, nem falava do que estava antes. Finalmente, ainda a propósito das insuficiências, o artigo fala apenas em execução, no momento final, e muitas vezes o caso na verdade não chega a ser de execução, mesmo que dilatemos a expressão em português "execução". AZEVEDO, Antônio Junqueira de. "Insuficiências, deficiências e desatualização do Projeto de Código Civil na questão de boa-fé objetiva nos contratos". Em *Revista dos Tribunais,* v. 775. São Paulo: Ed. Revista dos Tribunais, maio/2000.

[2] GRAU, Eros. *Ensaio e discurso sobre a interpretação/aplicação do direito.* São Paulo: Malheiros, 2ª edição, 2003, P. 81.

E diante dessas peculiaridades, ou "*diante da lei*" – parafraseando, portanto, o título do inesquecível conto de Kafka – ao contrário do que é comum em doutrina, a Autora não se veste no personagem do *Guarda* daquele conto, símbolo do hermetismo típico da ciência do direito, criando dificuldades e excessos técnicos inaplicáveis à prática.

Com esperada maestria – típica da Advogada de uma das mais importantes Bancas de Advocacia do país com vasta experiência – ciente do esperado movimento *pendular* de novos temas doutrinários, foca-se sempre no ponto de equilíbrio esperado no *pacto in conthraendo e pos pactum finitum,* corrigindo, assim, os abusos e incertezas provocadas pela própria doutrina há uma década atrás.

São essas as razões, em brevíssimas linhas, do orgulho pessoal e acadêmico que apresento e recomendo esta importante obra.

DIOGO L. MACHADO DE MELO
Mestre e Doutor em Direito Civil pela PUC-SP. Professor de Direito Civil convidado da Escola Paulista da Magistratura, Programa de Educação Continuada e Especialização em Direito GVLaw e Professor Assistente de Direito Civil nos Cursos de Mestrado e Doutorado da PUC-SP. Professor de Direito Civil da FMU. Diretor Executivo do Instituto de Direito Privado (IDP). Diretor Cultural do Instituto dos Advogados de São Paulo.

INTRODUÇÃO

Com a transformação do direito obrigacional – a ser comentada no capítulo 1 –, a perspectiva contemporânea de tutela de um sistema jurídico complexo, e, ainda, o desenvolvimento do direito civil de forma conjuntural com outras normas jurídicas, especialmente as constitucionais, certos *deveres de conduta* passaram a ser exigidos das partes que desejassem realizar algum tipo de negócio jurídico.

Isso quer dizer que a noção clássica de ampla liberdade das partes no trato da vida civil passou a sofrer um contorno do próprio ordenamento, de forma que certos deveres comportamentais, baseados sobretudo na ética, honestidade, lisura e retidão, passaram a projetar-se no direito obrigacional como um todo, ultrapassando a própria cláusula temporal de um contrato.

Dentro desse cenário, as partes deverão agir de forma a evitar prejuízo reciprocamente, mesmo antes de se vincular de modo formal por meio de um contrato, assim como, também, após seu encerramento e adimplemento, sob pena de ensejar reparação civil.

Pretende-se com este livro trazer à tona o estudo dos chamados *deveres de consideração* projetados especialmente nas fases externas do contrato, quais sejam, aquela que o antecede, pré-contratual, e a que o sucede, pós-contratual, sob a luz do Código Civil, da Constituição Federal e do Código de Defesa do Consumidor, e também do diálogo entre essas fontes em relação ao tema.

Os deveres de consideração[3], também chamados deveres laterais, deveres de cooperação, acessórios, anexos, são deveres relacionados a normas

[3] A terminologia *deveres de consideração* é a nomenclatura mais moderna e atual utilizada pela doutrina alemã, que efetivamente sintetizou esses deveres e foi extraída da obra de Rogério

de conduta comportamental, ao agir de forma ética, honesta, escorreita em todo o trato da vida civil, inclusive quando as partes não estão vinculadas sob a amarra de um contrato. Deles fazem parte, sinteticamente, os deveres de lealdade, informação, sigilo e proteção[4].

Isso não quer dizer que esses deveres não existam na fase contratual propriamente dita; ao contrário, também nela estão presentes. Porém, nesse caso, as obrigações das partes e o que se espera delas – inclusive comportamento – estão mais claros, além do próprio peso que o vínculo contratual projeta nos figurantes da relação.

Na fase contratual, por via de regra, parte substancial dos direitos e deveres está prevista, a relação está orquestrada e deverá apenas ser obedecida, sem grandes espaços para que uma das partes tenha expectativas sobre a outra (ainda que um contrato não consiga prever tudo), diferentemente das fases externas, quando a liberdade e a segurança jurídica abrem discussão acerca da existência de obrigações não escritas a serem cumpridas.

A opção pelo tema se deu com o intuito de desenvolver o assunto de forma mais pragmática, afastando-se de mera arma argumentativa ou mesmo obrigação moral, extrapolando a discussão acadêmica para estudar o assunto com conteúdo próprio, como dever jurídico com rendimento autônomo, capaz de gerar responsabilidade civil e reparação quando não observados em si mesmos, por meio da aplicação das teorias da *culpa in contrahendo* e da *culpa post pactum finitum*, em vez de lançar mão da responsabilidade aquiliana como solução, consoante muitas vezes ainda faz a jurisprudência.

Os deveres de consideração se coadunam com os novos anseios da coletividade, especialmente após as duas grandes guerras ocorridas no século XX, quando o liberalismo sucumbiu ante a valorização dos direitos sociais, antes impensados.

Na atual sociedade, massificada pela tecnologia, pelo excesso de informação, pelo efeito inexorável da globalização, a liberdade dos sujeitos de

Donnini, *Responsabilidade civil pós-contratual:* no direito civil, no direito do consumidor, no direito do trabalho, no direito ambiental e no direito administrativo (3. ed. São Paulo: Saraiva, 2011).

[4] Embora os deveres de consideração tenham sido sintetizados neste livro a partir dos quatro deveres mencionados (lealdade, informação, sigilo e proteção), outros são elencados pela doutrina, como dever de guarda, conservação, conselho, recomendação, transparência etc.

direitos não pode mais ser ilimitada, sob pena de operar um verdadeiro colapso. E esse limite reside justamente na ética, na honestidade. Não há mais espaço para o direito não agir contra condutas antiéticas, desonestas, desleais.

Embora a figura da *fides* (confiança) tenha criado traços primitivos dos deveres de consideração na Roma antiga, estes só seriam efetivamente sistematizados pela doutrina alemã cerca de dois mil anos depois, e consagrados pioneiramente no Código Civil alemão de 1900 (BGB – *Bürgerliches Gesetzbuch*), como será detalhado nesta monografia.

O fundamento principal dos deveres de consideração reside na boa-fé objetiva, hoje concretizada no Código Civil brasileiro. No entanto, é possível extrair substrato desses deveres do próprio plano constitucional, por meio dos princípios da dignidade da pessoa humana, da solidariedade e da justiça social, na medida em que estes vêm corporificados na Carta de 1988, projetando luz sobre o ordenamento, tutelando matérias que antes eram afeitas apenas à legislação ordinária. Desse modo, a norma constitucional não é mais dirigida exclusivamente ao Estado, mas também aos direitos civis.

É tempo de os deveres de conduta serem mais do que simples obrigações morais, para se tornarem verdadeiras obrigações jurídicas. O direito não pode ser conivente com condutas reprováveis apenas porque as partes não ajustaram e não assinaram expressamente que agiriam de modo ético, leal, honesto, reto. São deveres indisponíveis, em que o comportamento correto de cada parte passa a ser uma obrigação constante, permanente.

Delimitado o tema, resta dizer a título introdutório que esta obra partirá de uma contextualização histórica da sociedade, para fins de melhor compreender os atuais anseios e desejos no que toca ao próprio direito, passando a analisar a alteração pela qual passou o direito obrigacional até sua roupagem contemporânea e o surgimento dos chamados deveres de consideração.

A partir daí, serão tratados conceito, conteúdo, fundamentos, projeção, aplicação, bem como as diferenças, quando se pensa nos deveres de lealdade, informação, sigilo e proteção perante o Código Civil e o Código de Defesa do Consumidor, além de sua perspectiva constitucional.

Em seguida, os deveres de consideração serão tratados especialmente em suas fases pré e pós-contratual, bem como a consequente apuração de responsabilidade civil pela sua inobservância (*culpa in contrahendo* e *culpa post pactum finitum*), fazendo os devidos contrapontos com liberdade, autonomia privada e segurança jurídica. Durante toda a obra, serão trazidos exemplos concretos baseados nas jurisprudências nacional e estrangeira.

1. Contextualização Histórica

Para qualquer estudo científico que se pretenda fazer, é importante analisar o fenômeno histórico e seus efeitos na sociedade, já que o momento político e econômico, ou o modelo social, suas características e roupagem estão diretamente ligados a valores eleitos e aos desdobramentos desses naquele dado momento, permitindo a adaptação entre realidade e direito.

O direito privado carrega mais de 2000 anos de história, tendo atravessado todo tipo de arquétipo social, valores, regimes políticos e situações econômicas. Existe desde os tempos primitivos, desde os gregos, desde os romanos. O conceito de justiça já foi desafio até para Aristóteles[5], que se debruçou filosoficamente sobre ele na tentativa de desvendá-lo.

Por isso, não é em vão contextualizar o momento social contemporâneo para tratar do tema dos *deveres de consideração*, já que no cenário social pós-moderno do século XXI, de capitalismo não ético, de liberdade plena, de vazio moral, com a presença de um Estado infrator, devedor, a sociedade passa a desejar novos valores, tais como a lealdade, ética, honestidade, transparência.

Entre os séculos XVI e XVIII predominou na Europa o absolutismo. O Estado absolutista estava consubstanciado no *status*, de maneira que o valor do indivíduo na sociedade era representado pela posição social que

[5] Para Aristóteles, segundo a obra *Ética à Nicômaco* (Tradução Leonel Vallandro e Gerd Bornheim. São Paulo: Nova Cultura, 1973), o conceito de justiça estava ligado ao meio-termo de todas as coisas, à justa medida, ao equilíbrio e à equidade.

ocupava, e não pelos seus atributos pessoais, sendo sua liberdade extremamente limitada[6].

A concepção clássica dos contratos nasce com o liberalismo econômico em resposta àquelas limitações. A Revolução Francesa, ocorrida em 1789 (marco do liberalismo), aconteceu sob o influxo da abastada burguesia, trazendo a ideia de liberdade ampla, de propriedade privada intangível, de patrimonialismo, com mínima intervenção do Estado (liberdade, igualdade e fraternidade)[7].

A burguesia fez isso por meio da lei, já que na posição de classe dominante era ela mesma quem a editava (como assim é até hoje), de forma que o magistrado possuía pouco campo de atuação, de interpretação[8]. Esse foi o contexto do máximo respeito ao brocardo *pacta sunt servanda*, já que o Poder Judiciário não poderia interferir no conteúdo contratado pelas partes, que tinha força de lei (intangibilidade)[9]. Com isso, no direito civil, a proteção do indivíduo estava, a bem da verdade, projetada sobre seus interesses econômicos e seu patrimônio.

No século XIX, com a Revolução Industrial, passaram a ser cometidos abusos pelos particulares, o que obrigou o Estado a fazer intervenções na economia e na esfera particular das pessoas, ou seja, nos contratos, que passaram a perder a força intangível que possuíam[10].

Aos abusos que vinham sendo praticados dentro da ideologia do liberalismo somam-se as duas guerras mundiais que ocorreram no século XX, que assolaram diversos países da Europa, fazendo com que o mundo ocidental ingressasse em uma nova era, na qual o patrimonialismo passou a dar espaço para anseios sociais, para o reconhecimento da dignidade humana.

[6] Lopes, Miguel Maria de Serpa. *Curso de direito civil*. 4. ed. Rio de Janeiro: Freitas Bastos, 1991, v. 3, p. 13.

[7] Roppo, Enzo. *O contrato*. Coimbra: Almedina, 1988, p. 7-72; e *Contratti standard:* autonomia e controlli nella disciplina delle attività negoziali di impresa. Milano: Giuffrè, 1989, p. 1-80 apud Popp, Carlyle. *Responsabilidade civil pré-negocial:* o rompimento das tratativas. Curitiba: Juruá, 2011, p. 78.

[8] Alvim, José Manoel de Arruda. A função social dos contratos no novo Código Civil. *Revista dos Tribunais*, São Paulo, v. 85, set. 2003, p. 19-21.

[9] Roppo, Enzo. *O contrato*. Ob. cit., p. 15-17; e Gilissen, John. *Introdução histórica ao direito*. Lisboa: Calouste Gulbenkian, 1988, p. 731-742.

[10] Ribeiro, Joaquim de Sousa. *Cláusulas contratuais gerais e o paradigma do contrato*. Coimbra: Coimbra Editora, 1990, p. 15-20.

Houve, então, uma tendência mundial de constitucionalização de normas antes afeitas à legislação ordinária, à ideologia dos direitos humanos e à ênfase à dignidade da pessoa humana, que conduziram à despatrimonialização do direito privado, culminando em uma nova linha de ideias denominada pós-modernismo jurídico[11].

No campo do direito, esse pós-modernismo seria uma revisão dos postulados clássicos do Estado Liberal e do Estado Social, em que se passa a privilegiar a confiança e a ética, com o ser humano alçado a principal valor do ordenamento em detrimento do direito posto, com uma releitura da legislação por parte do intérprete[12].

Para Miguel Reale, a superação da seara clássica do direito se deu a partir dessa nova realidade social que traz a humanização das relações jurídicas, revitalizadoras da moral e da equidade, com o ser humano alçado ao centro do ordenamento[13].

Foi nesse contexto que o Código Civil de 2002 foi editado, acomodando-se sobre novos pilares, agora sociais, passando a dar ênfase à dignidade da pessoa humana e a prestigiar novos valores. Não é à toa que se diz ser um código marcado pela eticidade, socialidade e operabilidade[14].

Um exemplo claro e marcante do Código vigente é a presença textual da boa-fé objetiva, que não estava expressa no Código Civil de 1916 como cláusula geral – embora pudesse ser extraída implicitamente de alguns dispositivos (questão a ser tratada no capítulo 4). A boa-fé objetiva, nessa formatação de cláusula geral atual, passou a nortear o comportamento das pessoas no trato da vida civil, exigindo cada vez mais o atendimento de normas de conduta ligadas à ética, honestidade e lealdade.

Note-se que alçar valores éticos como orientadores da conduta humana é um desafio, já que a cultura patrimonialista, que permeou a

[11] MARQUES, Cláudia Lima. *Contratos no Código de Defesa do Consumidor*. 3. ed. São Paulo: Revista dos Tribunais, 1999, p. 89-101.

[12] HELLER, Agnes; FEHÉR, Ferenc. A condição política pós-moderna. KAPLAN, E. Ann (Org.). *O mal-estar no pós-modernismo*; CONNOR, Steven. *Cultura pós-moderna:* introdução às teorias do contemporâneo; ANDERSON, Perry. *As origens da pós-modernidade*; FEATHERSTONE, Mike. *Cultura de defesa da história:* marxismo e pós-modernismo; EAGLETON, Terry. *As ilusões do pós-modernismo*; TARNAS, Richard. *A epopeia do pensamento ocidental* apud POPP, Carlyle. Ob. cit., p. 86.

[13] REALE, Miguel. *Nova fase do direito moderno*. 2. ed. São Paulo: Saraiva, 1998, p. 93-129.

[14] REALE, Miguel. *História do novo Código Civil*. São Paulo: Revista dos Tribunais, 2005.

sociedade moderna por anos, ainda está muito arraigada nas gerações que dela experimentaram (e que educam a geração seguinte). Isso fica claro até quando se analisam decisões judiciais proferidas por magistrados de longa carreira, justamente porque esses juízes estudaram por muitos anos a legislação anterior, de característica liberalista, individualista.

Falar em cooperação ou consideração entre partes adversas em um cenário capitalista de forte e intensa concorrência não deixa de soar como uma contradição, mas é esse o maior desafio destes tempos.

Na teoria do jogo de Nash[15], tem-se que a cooperação permite maximizar ganhos recíprocos quando se coopera com o adversário. É como se o jogador arquitetasse sua estratégia a partir de dois vieses, o individual e o coletivo, de forma que se todos fazem o melhor para si e também para o outro, todos saem ganhando. A ideia e grande desafio seriam esses.

Em um mundo já superpovoado, com sérios problemas de distribuição de renda, com massificação social, com intensa concorrência, em uma verdadeira indústria de lesões, já não seria mais possível seguir sem valores morais e éticos, sob pena de ocorrer um verdadeiro caos social. Não é mais possível admitir a máxima, ainda hoje utilizada, de que algo possa ser imoral, mas não ilegal.

Os novos tempos exigem condutas éticas, leais, honestas, além de cooperação e colaboração recíproca. Em outras palavras, os novos tempos exigem a plena incidência dos deveres de consideração no trato da vida civil, antes, durante e depois de cumprido determinado pacto, sendo a ênfase deste livro as fases externas do contrato, quando o campo de interpretação das partes e do magistrado, quanto aos direitos e deveres, é maior.

[15] NASH, John. Jogos cooperativos de duas pessoas. *Econometrica*, 21,1953, p. 128-140.

2. Direito Obrigacional e o Surgimento dos Deveres de Consideração

O direito obrigacional tem a atribuição de conservar a convivência harmônica da sociedade, de estimular a circulação econômica de bens e serviços, de gerar empregos, desenvolvimento social, de maneira que se torna imprescindível a existência de regras que regulem os negócios, já que não poderiam prevalecer interesses individuais do mais forte[16].

O significado etimológico da palavra "obrigação" vem do latim *obligatio*, do verbo *obrigare* (*ob* + *ligatio*), que significa unir, ligar, vincular, atar[17]. Isso leva à ideia de compromisso, comprometimento entre pessoas, especialmente sob o aspecto jurídico (que é evidentemente aquele que aqui interessa), ou seja, sugere uma ligação entre pessoas que assumem prestações recíprocas, vinculando, por via de regra, seu patrimônio como garantia.

Nas palavras de Almeida Costa, uma relação obrigacional nasce e desenvolve-se com vista ao objetivo que lhe dá vida e confere razão de ser: o cumprimento[18]. Para Everaldo Cambler, essa sujeição derivada da

[16] NANNI, Giovanni Ettore. Org. O dever de cooperação nas relações obrigacionais à luz do princípio constitucional da solidariedade. In: *Temas relevantes do direito civil contemporâneo.* São Paulo: Atlas, 2008, p. 285.

[17] PLÁCIDO E SILVA. *Vocabulário jurídico.* 28. ed. São Paulo: Forense, 2013, p. 968.

[18] COSTA, Mário Júlio de Almeida. *Direito das obrigações.* 12. ed. Coimbra: Almedina, 2013, p. 113.

obrigação é protegida pelo próprio Estado, que coloca à disposição dos envolvidos mecanismos de coerção para cumprimento[19].

No direito romano antigo, antes de Cristo[20], a responsabilidade era pessoal, ou seja, a sanção de uma obrigação descumprida era passível de atingir o devedor até mesmo fisicamente, em verdadeira vingança privada, quando este poderia ficar à disposição do credor para lhe compensar o inadimplemento, tornar-se escravo, ser vendido ou mesmo ser morto, de modo que uma pessoa ficava submetida ao poder de apreensão da outra[21].

Essa responsabilidade pessoal evoluiu com a Lei das XII Tábuas, que foi o primeiro direito escrito dos romanos, representando a origem de um sistema jurídico, com normas de direito material e processual, e que oportunizava o cumprimento da obrigação pelo devedor. Nesse momento, o direito de vingança da vítima torna-se remível. Isso quer dizer que no início era facultado ao lesado vender essa renúncia de sua vingança ao ofensor pelo resgate oferecido e fixar o preço. Mas depois o Estado regulamentou essa renúncia de vingança, de forma que, oferecida a multa pecuniária (*poena*) pelo ofensor, o lesado estava obrigado a aceitá-la[22].

Mais tarde, com a *Lex Poetelia Papira* e com a *Lex Julia*, outros meios menos drásticos com relação à responsabilidade pessoal do devedor passaram a ser aplicados, tendo sido vetada a execução sobre a pessoa do devedor – embora ainda fosse possível a prisão privada por dívidas no caso da inexistência de bens[23].

[19] CAMBLER, Everaldo. *Curso avançado de direito civil*: direito das obrigações. São Paulo: Revista dos Tribunais, 2001, v. 2, p. 22.

[20] Segundo José Carlos Moreira Alves, em sua obra *Direito romano* (15. ed. Rio de Janeiro: Forense. 2012, p. 68), o direito antigo romano, também chamado de pré-clássico, compreende aproximadamente entre 149 a 126 a.C.

[21] KASER, Max. *Direito romano privado*. Trad. Samuel Rodrigues e Ferdinand Hammerle. 2. ed. Lisboa: Fundação Calouste Gulbenkian, 2011, p. 192.

[22] Ibidem, p. 193.

[23] Com o advento da *Lex Poetelia Papira*, a partir de 326 a.C., passou a existir um vínculo jurídico entre credor e devedor, que respondia por dívidas com seu patrimônio – *missio in possessionem*. Caso não possuísse bens, ainda era possível a prisão privada, o que mais tarde também foi modificado pela *Lex Julia*, que passou a permitir a cessão de bens pelo devedor sem a interveniência do tribunal – *cessio bonorum* (MOREIRA ALVES, José Carlos. *Direito romano*. Ob. cit., p. 9-11).

No entanto, o substrato tradicional do conceito de obrigação veio com as *Institutas* de Justiniano, como o vínculo de direito que adstringe alguém a solver alguma coisa, de acordo com o direito civil[24]. Uma relação jurídica, em virtude da qual um devedor (*debitor*) está obrigado a uma prestação ao seu credor (*creditor*), que tem contra o devedor um direito de crédito derivado da obrigação[25].

No mundo moderno, o direito obrigacional assumiu importante relevância, tendo em vista o constante crescimento do comércio jurídico, da circulação de bens e da expansão da sociedade econômica de mercado. As relações jurídicas adquiriram proporção imensurável, presentes no cotidiano de qualquer pessoa humana que possua interesses vitais, individuais, profissionais e que realizam a todo momento negócios jurídicos[26].

O Código Civil francês de 1804[27] - *Code Napoléon* - foi a primeira grande codificação civil que serviu de modelo e influenciou o direito em diversos países, porém sua estrutura era extremamente rígida e formal - a partir da influência da escola da Exegese -, com pouco campo de interpretação pelo magistrado[28].

A relação obrigacional se mostrava de forma simples e estática, ou seja, como uma relação de crédito e débito imutável, em que não eram analisados quaisquer outros elementos que pudessem integrar ou interagir com a relação contratual, que rígida como se propunha não admitia possibilidade de modificação.

Foi com a promulgação do Código Civil alemão (BGB) em 1900 que a obrigação começa a se esboçar em seu sentido moderno, com vinculação direta ao conteúdo jurídico da boa-fé. O Código alemão não fez uma

[24] Definição de obrigação nas Institutas de Justiniano: *Obligatio est juris vinculum, quo necessitate adstringimur alicuius solvendae rei secundum nostrae civitatis iura* (J. 3, 13, pr) (versão do texto latino para o português de CORREIA, Alexandre; SCIASCIA, Gaetano. *Manual de direito romano*, p. 512-515, apud CAMBLER, Everaldo. Ob. cit., p. 22.

[25] KASER, Max. Ob. cit., p. 191.

[26] NANNI, Giovanni Ettore. Ob. cit., p. 284.

[27] O Código Civil francês, ou *Code Napoleón*, encontra-se em vigor até hoje, tendo permanecido inalterado por mais de um século. Hoje, dos 2302 artigos que possui, 1200 continuam com sua redação original, o que demonstra sua força, prestígio e influência sobre o direito de diversos países ao redor do mundo. Disponível em: <http://www.cartaforense.com.br/conteudo/colunas/o-codigo-civil-frances-de-1804–historico/562>. Acesso em: 9 janeiro de 2014.

[28] NANNI, Giovanni Ettore. Ob. cit., p. 286.

definição específica acerca do conceito de boa-fé, deixando essa tarefa para a doutrina e a jurisprudência, a partir do § 242[29], o qual disciplina que "O devedor está adstrito a realizar a prestação tal como o exija a boa-fé, com consideração pelos costumes do tráfego". Para Plácido Couto e Silva, o § 242 do BGB, a bem da verdade, reforçou o § 157[30] do mesmo Código, que estabelece que "Os contratos interpretam-se como o exija a boa-fé, com consideração pelos costumes do tráfego".

Para Helmut Heinrichs, essa norma do código alemão possui um significado muito além de seu teor ao pé da letra, de forma que doutrina e jurisprudência alemãs estabeleceram a obrigatoriedade da observação da boa-fé no gozo de todos os direitos e deveres por todas as pessoas[31], o que ganhou expressivo desenvolvimento após a primeira guerra mundial, em virtude da necessidade de se criar jurisprudência melhor adequada às novas situações sociais e políticas da época.

Heinrichs define ainda a fidelidade como uma postura subjetiva de confiabilidade, integridade e consideração em face do outro. Já a fé representa a confiança do outro na presença dessa postura subjetiva[32], de modo que a junção desses dois conceitos garante a presença dos valores éticos sociais, como uma obrigação de agir em consideração com os interesses da outra parte, impondo um comportamento probo e leal.

Foi a partir do estudo *Sobre as violações positivas do contrato e suas consequências jurídicas – Die positiven Vertragsverletzungen*, de Hermann Staub, publicado em 1902 no *Festschrift für das Deutsche Juristentag*, que se modificou o conceito tradicional de obrigação, quando então passou a ser concebida como um vínculo entre devedor e credor, com a presença de elementos cooperativos necessários ao correto adimplemento da obrigação[33].

[29] No original: "Der Schuldner ist verpflichtet, die Leistung so zu erbringen, wie Treu und Glauben mit Rücksicht auf die Verkehrssitte es erfordern".

[30] No original: "Verträge sind so auszulegen, wie Treu und Glauben mit Rücksicht auf die Verkehrssitte es erfordern".

[31] Heinrichs, Helmut. *Palandt Bürgerliches Gesetzbuch*. 55. ed. Munique: Editora C.H. Beck, 1996, p. 223 apud Silva, Jorge Cesa Ferreira da. *A boa-fé e a violação positiva do contrato*. São Paulo: Renovar, 2002, p. 63.

[32] Idem.

[33] Silva, Clóvis Veríssimo do Couto e. O princípio da boa-fé no direito brasileiro e português. In: Fradera, Vera Maria Jacob de (Org.). *O direito privado brasileiro na visão de Clóvis do Couto e Silva*. Porto Alegre: Livraria do Advogado, 1997, p. 36-38 apud Mota, Mauricio.

Embora o estudo de Hermann Staub tenha sido marcante para doutrina mundial, a nomenclatura utilizada recebeu críticas, já que nem sempre o descumprimento implica em violação positiva do contrato, mas também poderá decorrer de omissão no cumprimento de algum dever lateral[34].

Entretanto, o que importa é que, a partir daí, o vínculo passaria a estar contagiado pela noção de boa-fé, que constituiria uma fonte autônoma de direitos e obrigações. Isso quer dizer que dentro de uma relação obrigacional existiria não só o dever principal ou (eventualmente) secundário, mas também deveres acessórios ou implícitos, instrumentais e independentes, todos voltados para o correto adimplemento.

A relação obrigacional passa, portanto, a ser vista em sua totalidade, além da relação crédito e débito, o que pode gerar outros direitos e deveres que não estejam indicados diretamente, e criar ônus jurídicos e deveres laterais, anexos ou secundários ao dever principal, ao qual corresponderão outros direitos subjetivos, ainda que não expressamente previstos[35].

Ao mesmo tempo que ocorria essa modificação no conteúdo da relação obrigacional, passou o juiz a assumir funções criadoras do direito, bem mais amplas, o que resultou na aplicação do § 138 do BGB, o qual determinava a nulidade de um negócio jurídico caso violasse os bons costumes. Nesse momento, os tribunais passaram a rechaçar cláusulas abusivas inseridas nos contratos – os chamados "contratos-mordaça" (*Knebelungsvertrag*) – por serem contrários aos bons costumes (*contra bonos mores*)[36].

A relação obrigacional começou a ser vista sob nova perspectiva, como uma totalidade que se encadeia e se desdobra no sentido do adimplemento, em um verdadeiro sistema de processos[37], de modo que, mesmo

A pós-eficácia das obrigações revisitada. Disponível em:_<http://www.estig.ipbeja.pt/~ac_direito/0310-PosEficaciaObrigaRevisitadas.pdf>. Acesso em: 9 janeiro de 2014.

[34] AGUIAR JÚNIOR, Ruy Rosado de. *Extinção dos contratos por incumprimento do devedor*. 2. ed., Rio de Janeiro: Aide, 2004, p.126.

[35] MARTINS-COSTA, Judith. *A boa-fé no direito privado*. São Paulo: Revista dos Tribunais, 1999, p. 70-75.

[36] SILVA, Clóvis Veríssimo do Couto e. *O princípio da boa-fé no direito brasileiro e português*. Ob. cit., p. 36-38 apud MOTA, Mauricio. A pós-eficácia das obrigações revisitada. Ob. cit., p. 14.

[37] SILVA, Clóvis Veríssimo do Couto e. *O princípio da boa-fé no direito brasileiro e português*. Ob. cit., p. 36-38 apud MOTA, Mauricio. A pós-eficácia das obrigações revisitada. Ob. cit., p. 14.

adimplindo o dever principal, ainda assim a relação jurídica poderia perdurar em razão de outro dever independente[38]. Foi o que Pietro Perlingieri[39] explicou ao comentar a nova ideia de obrigação complexa como uma relação de cooperação entre as partes ao adimplemento do devedor.

Daí o surgimento dos deveres laterais ou de conduta, tratados neste livro como *deveres de consideração*, terminologia utilizada por Rogério Donnini em sua obra *Responsabilidade civil pós-contratual*[40], deveres esses criados pela doutrina e jurisprudência alemãs e que são decorrentes, sobretudo, da boa-fé objetiva, mas não orientados exclusivamente para o interesse no cumprimento do dever principal de prestação, caracterizando-se por uma função auxiliar da realização positiva do fim contratual e de proteção à pessoa ou aos bens da outra parte contra os riscos de danos recíprocos[41].

Portugal seguiu mesma tendência da Alemanha, cujos deveres de consideração eram tratados na seara da violação positiva do contrato. Depois de 1966, narra Menezes Cordeiro, a situação se alterou e o legislador consagrou no art. 762º/2 um dever de comportamento segundo a boa-fé, tratando de modo distinto o abuso de direito – art. 334º – e outras manifestações objetivas da boa-fé, quando então o campo ficou livre para a introdução, pela Ciência do Direito deste país, dos deveres acessórios[42].

No Brasil, o Código de 1916 sofreu influência de diversos textos, como o Código Civil francês de 1804, o italiano de 1865 e o próprio alemão de 1900[43], mas o pensamento capitalista centrado na segurança dos negócios e sua circulação fez com que o legislador tenha deixado de consagrar a boa-fé como cláusula geral naquele texto[44].

Isso não quer dizer, no entanto, que não tenha existido nenhuma previsão a seu respeito, a ver, por exemplo, as disposições dos arts. 109 (fraude

[38] Silva, Clóvis Veríssimo do Couto e. *A obrigação como processo.* Rio de Janeiro: FGV, 2006, p. 17-20.

[39] Perlingieri, Pietro. *Perfis do direito civil:* introdução ao direito civil constitucional. Tradução Maria Cristina de Cicco. Rio de Janeiro: Renovar, 1997, p. 212.

[40] Donnini, Rogério. *Responsabilidade civil pós-contratual.* Ob. cit., p. 85.

[41] Pinto, Carlos Alberto da Mota. *Cessão de contrato.* São Paulo: Saraiva, 1985, p. 281.

[42] Cordeiro, António Manuel da Rocha e Menezes. *Da boa-fé no direito civil.* Coimbra: Almedina, 1997, p. 610.

[43] Donnini, Rogério. *Responsabilidade civil pós-contratual.* Ob. cit., p. 117.

[44] Azevedo, Antonio Junqueira de. Ob. cit., p. 78.

contra credores), 112 (negócios usuais e de trato comum praticados por devedor insolvente), 221 (casamento nulo e anulável), 490, 491, 514, 516 (posse), 551 (usucapião), 1.404 (contrato de sociedade), 1.443 (contrato de seguro), entre outros. Ocorre que no Código de 1916 a boa-fé estava muito mais ligada à crença ou à ignorância de uma pessoa acerca de um determinado fato, com avaliação do estado psicológico da parte, características da boa-fé na modalidade subjetiva[45].

Alípio Silveira sugere dois sentidos para a boa-fé do Código Civil de 1916: a boa-fé crença, baseada no erro ou ignorância, ou seja, de viés subjetivo, cuja prova se dá por meio de indícios; e a boa-fé lealdade, relacionada à honestidade ou probidade, esta em seu aspecto objetivo, que milita a favor de uma conduta justa e honesta. Embora esta última não estivesse na legislação anterior como cláusula geral, nada impedia que a exigência genérica se impusesse na formação contratual, especialmente pela observância dos usos convencionais e sociais[46].

Até porque, seja como for, o fato é que o núcleo essencial das duas modalidades de boa-fé (subjetiva e objetiva) não deixa de ser o mesmo, qual seja, a confiança[47].

Também não é demais lembrar que o Código Comercial brasileiro de 1850, hoje já revogado, também previu a boa-fé objetiva em seu art. 131[48], quando tratou da interpretação das cláusulas contratuais a partir de uma preocupação com a lealdade nas relações mercantis, já que, não obstante a necessidade de confiança, esta não carregava efetividade ou nem sequer demonstrava algum valor jurídico diferenciado para a época, apresentando-se tão somente como regra interpretativa e como princípio que objetivava o fortalecimento dos pactos.

[45] NEVES, José Roberto de Castro. Boa-fé: posição atual no ordenamento jurídico e perspectiva de sua aplicação nas relações contratuais. Revista Forense, Rio de Janeiro, v. 351, set.-2000, p. 161.

[46] SILVEIRA, Alípio. *Da boa-fé no direito civil.* São Paulo: Ed. Universitária de Direito, 1972, v. 1. p. 8-17.

[47] NORONHA, Fernando. *O direito dos contratos e seus princípios fundamentais.* São Paulo: Saraiva, 1994, p. 132.

[48] "Art. 131. Sendo necessário interpretar as cláusulas do contrato, a interpretação, além das regras sobreditas, será regulada sobre as seguintes bases: 1 – a inteligência simples e adequada, que for mais conforme à boa fé, e ao verdadeiro espírito e natureza do contrato, deverá sempre prevalecer à rigorosa e restrita significação das palavras; (legislação revogada)."

Assim é que, embora o germe da boa-fé pudesse ser extraído da codificação anterior, o fato é que o texto em si era marcado por forte característica individualista, que começou a ser superada com a Constituição Federal de 1988, cujos princípios fundamentais iluminaram o direito privado guiando para conceitos novos que valorizassem a dignidade da pessoa humana, espelhando uma marca indelével do direito obrigacional: o senso de justiça social e distributiva, o prestigio à liberdade, justiça, solidariedade e igualdade, pilares estruturais das relações jurídicas[49].

Isso quer dizer que o ser humano, alçado ao maior valor do novo ordenamento, ganhou importância, o que Pietro Perlingieri já denominou como uma *despatrimonialização* do direito civil como tendência normativo-cultural[50] que também chegou ao Brasil por meio de uma codificação civil muito mais social.

Renan Lotufo explica que o Código Civil não seria mais o centro, mas sim um corpo de normas com cláusulas abertas para servir e viabilizar a atuação de todo o direito privado, de modo que novos institutos são inseridos – a exemplo do abuso de direito, a onerosidade excessiva, lesão etc. –, porém com necessária leitura à luz dos preceitos constitucionais[51].

O reflexo dos princípios da solidariedade, da dignidade da pessoa humana, da igualdade e da justiça social sobre o direito civil alargou a abrangência das relações jurídicas, impondo-se, além da prestação principal, certos deveres correlatos, motivo pelo qual a obrigação passou a ter estrutura complexa[52].

Nesse movimento, a boa-fé aparece finalmente como cláusula geral no Código Civil de 2002 – art. 113 (Parte Geral), segundo o qual "os negócios jurídicos devem ser interpretados conforme a boa-fé e os usos do lugar de sua celebração"; art. 187, o qual determina que "comete ato ilícito o titular de um direito que, ao exercê-lo, excede manifestamente os limites impostos pelo seu fim econômico ou social, pela boa-fé ou pelos bons costumes"; e o emblemático art. 422, que determina: "os contratan-

[49] NANNI, Giovanni Ettore. Ob. cit., p. 290-1.

[50] PERLINGIERI, Pietro. *Il diritti civile nella legalità costituzionale.* Napoli: Edizioni Scientifiche Italiane, 1991, p. 55.

[51] LOTUFO, Renan. Da oportunidade da Codificação Civil e a Constituição. In: SARLET, Ingo Wolfgang (Org.). *O novo Código Civil e a Constituição.* Porto Alegre: Livraria do Advogado, 2003, p. 11-30.

[52] NANNI, Giovanni Ettore. Ob. cit., p. 299.

tes são obrigados a guardar, assim na conclusão do contrato, como em sua execução, os princípios de probidade e boa-fé" –, o que se expressa em um conceito indeterminado, de modo que permita ao magistrado a tarefa de adequar a aplicação judicial ao caso concreto segundo valores sociais eleitos em dado momento.

Miguel Reale[53] explica que essa é a operabilidade da codificação, que configura os modelos jurídicos com amplitude de repertório, de modo que seja possível a sua adaptação às mudanças sociais.

Franz Wieacker, citado por Giovanni Ettore Nanni, defende que a relação obrigacional complexa passa a impor diversos deveres acessórios e deveres de proteção de caráter geral, do lado das duas partes, e assume deveres pré-contratuais (*culpa in contrahendo*) e uma responsabilização contratual do próprio credor (*culpa in exigendo*)[54], além dos deveres pós-contratuais (*culpa post pactum finitum*).

Isso quer dizer que a perspectiva clássica de obrigação, como o dever de prestar e exigir uma prestação, está superada, explicando Mário Júlio de Almeida Costa que modernamente a obrigação é compreendida em uma acepção globalizante, ao lado dos deveres laterais[55].

Hoje, a doutrina pontua as relações obrigacionais a partir de uma realidade complexa, na qual existem deveres principais ou primários da prestação; deveres secundários ou acidentais da prestação; e deveres acessórios ou laterais de conduta.

Os deveres principais ou primários são aqueles ligados ao cumprimento da prestação principal propriamente dita, o núcleo dominante, a alma da relação obrigacional, de modo que definem o tipo de contrato. Exemplo desse dever é o de o comprador pagar o preço da coisa vendida e de o vendedor entregá-la[56]. São os elementos determinantes da obrigação, atribuindo a sua individualidade, constituindo o núcleo central do objeto da prestação, em que se satisfazem diretamente os interesses das partes[57].

[53] REALE, Miguel. *O projeto do novo Código Civil*. 2. ed. São Paulo: Saraiva, 1999, p. 58-59.

[54] WIEACKER, Franz. *História do direito privado moderno*. Tradução Antonio Manuel Botelho Hespanha. Lisboa: Fundação Calouste Gulbenkian, 1980, p. 597 apud NANNI, Giovanni Ettore. Ob. cit., p. 300.

[55] COSTA, Mário Júlio de Almeida. Ob. cit., p. 60-61.

[56] Idem. Ibidem, p.76.

[57] NANNI, Giovanni Ettore. Ob. cit., p. 301.

Os deveres secundários ou acidentais estão relacionados aos deveres principais e têm por finalidade complementá-los, como a entrega de um automóvel (dever principal), devidamente lavado e em perfeitas condições (deveres secundários)[58]. Permitem modalidades, como deveres secundários meramente acessórios da prestação principal, destinados a preparar o cumprimento perfeito da prestação, por exemplo, o dever de conservar plenamente a coisa vendida, e deveres secundários substitutivos ou complementares da obrigação principal, ou deveres secundários com prestação autônoma, como o dever de indenizar as perdas e danos decorrentes do inadimplemento culposo do devedor, o direito à indenização em caso de mora ou cumprimento defeituoso da prestação principal, que são coexistentes com esta e não a substituem[59].

Os deveres acessórios ou laterais de conduta são deveres que não integram direta nem secundariamente a prestação principal, mas se mostram essenciais ao processamento correto da relação obrigacional e à satisfação dos interesses das partes[60].

Esses deveres foram sistematizados pela doutrina alemã – *Nebenpflichten* –, podendo ser tratados como deveres laterais, deveres de cooperação, de informação, de proteção ou *deveres de consideração* – terminologia utilizada neste livro –, e estão em sintonia pela complexidade da nova perspectiva de obrigação[61], de forma que é possível a existência dos deveres de consideração não só em relação ao cumprimento dos deveres principais ou primários da prestação e dos deveres secundários ou acidentais, mas sem eles, que é justamente o que ocorre nas fases externas do contrato, pré-contratual e pós-contratual[62].

Em submissão a esses deveres de consideração é que o locatário, por exemplo, cujo dever central de prestação consiste no pagamento do aluguel, tem ainda o dever lateral de avisar o locador sempre que cheguem ao seu conhecimento vícios da coisa ou fatos ignorados pelo locador. Do mesmo modo, ao operário, que tem como dever principal a perfeita

[58] LEITÃO, Luís Manuel Teles de Menezes. *Direito das obrigações.* 7. ed. Coimbra: Almedina, 2008, v. 1, p. 108.

[59] NANNI, Giovanni Ettore. Ob. cit., p. 301.

[60] Idem.

[61] VARELA, Antunes. *Das obrigações em geral.* 10. ed. Coimbra: Coimbra Editora, 2000, v. 1, p. 124.

[62] LEITÃO, Luis Manuel Teles de Menezes. Ob. cit., p. 109.

realização da tarefa definida no contrato, compete o dever acessório de zelar pela boa conservação dos maquinismos com que atua[63].

Esse conjunto de deveres de conduta floresce e passa a disciplinar o aperfeiçoamento da realização contratual, certo que independem da manifestação de vontade das partes e de prévia e expressa previsão[64].

É como se as partes pudessem extrair da relação obrigacional toda sua utilidade, em uma relação dinâmica, colaborativa, com o melhor atendimento dos interesses do credor e do devedor, inclusive sob o viés econômico-social. É nesse sentido que Emilio Betti já afirmava na metade do século anterior que, diferentemente dos direitos reais, no direito obrigacional recaía uma relação de cooperação, uma comunhão de esforços[65].

Tudo isso leva à conclusão de que a análise moderna do conceito de obrigação à luz da solidariedade afasta-se cada vez mais da noção originária de subordinação, antes física e depois patrimonial, do devedor em relação ao credor. Agora, deverá existir uma relação de cooperação mútua em pleno respeito ao valor da dignidade da pessoa humana[66], que a seu turno possui clara correspondência com o princípio *neminem laedere*, derivado da justiça, do respeito e da consideração pelas pessoas, guardando relação com a proibição de violar a vida, o corpo e os direitos de outrem[67].

Sobre o preceito *neminem laedere* ou *alterum non laedere* ("a ninguém ofender", "não lesar a outrem"), Rogério Donnini explica, citando Michel Villey, que o direito seria resultado de um compromisso de utilidade, com o objetivo de os homens não se prejudicarem reciprocamente, como uma espécie de regra de direito natural, o que traduz a própria filosofia de Epicuro. Enquanto os estoicos tinham como orientação de vida a natureza, a razão e a virtude, o epicurismo propunha a felicidade no sentido de bem-estar individual e coletivo, o que significa dizer que sua finali-

[63] COSTA, Mário Júlio de Almeida. Ob. cit., p. 79.

[64] FRADA, Manuel António de Castro Portugal Carneiro da. *Teoria da confiança e responsabilidade civil.* Coimbra: Almedina, 2004, p. 432. (Coleção Teses).

[65] BETTI, Emilio. *Teoria generale delle obbligazioni:* prolegomini, funzione econômico-sociale dei rapporti d'obbligazione. Milano: Giuffrè, 1953, v. 1, p. 10.

[66] PERLINGIERI, Pietro, *Perfis do direito civil*...Ob. cit., p. 42-43 apud NANNI, Giovanni Ettore. Ob. cit., p. 304.

[67] COING, Helmut. *Elementos fundamentais da filosofia do direito.* Tradução Elisete Antoniuk. Porto Alegre: Sérgio A. Fabris Editor, 2002, p. 248.

dade não estava relacionada ao cálculo da justa parte de cada um, mas sim ao fato de não causar sofrimento a outrem, não lesar (*non laedere*)[68].

Essa cooperação deverá ser recíproca e garantir ainda maior eficiência ao negócio jurídico, evitando situações de desconfiança entre as partes, que atuariam em todas as fases de maneira coerente para se atingir a (melhor) utilidade da prestação. É o que Cláudio José Franzolin, em tese de doutorado, situa como a nova compreensão da relação obrigacional, partindo de um modelo estrutural para um modelo funcional, em que a relação não se destaca para ser um fim em si mesmo, mas proporcionar que a dinâmica das relações privadas atinja fins práticos[69].

A valorização jurídica da vontade humana sucumbe diante de um novo paradigma para o conceito de direito obrigacional, baseado agora na boa-fé objetiva, não mais no dogma da vontade, de maneira que a concepção de relação obrigacional passou a exigir dos sujeitos das relações a observância e o cumprimento de deveres de natureza acessória, como regra de conduta fundada na lealdade e na consideração para com os interesses do *alter*, segundo um modelo de conduta social, arquétipo ou *standart* jurídico[70].

[68] Villey, Michel. *A formação do pensamento jurídico moderno*. Tradução Cláudia Berliner. Rio de Janeiro: Martins Fontes, 2005, p. 524 apud Donnini, Rogério. *Responsabilidade civil pós-contratual*. Ob. cit., p. 44-45.

[69] Franzolin, Cláudio José. *Inadimplemento dos deveres anexos decorrentes do contrato*. Tese (Doutorado em Direito) – PUCSP, São Paulo, 2008.

[70] Martins-Costa, Judith. *A boa-fé no direito privado:* sistema e tópica no processo obrigacional. Ob. cit., p. 394, 411 e 412.

3. Deveres de Consideração

Os *deveres de consideração,* também denominados deveres de cooperação, laterais, anexos ou acessórios, são deveres por meio dos quais se impõe uma conduta honesta, leal, de confiança e transparência entre as partes que desejam vincular-se por meio de um contrato, de maneira que delas passa a ser exigido determinado tipo de comportamento desde a fase que antecede o pacto até o momento posterior ao encerramento.

A doutrina alemã, que criou o instituto, sustenta que a obrigação não se esgota no direito a uma prestação justamente porque se exige a observância pelas partes desses deveres (*Nebenpflichten*)[71]. Para Schwerdtner, seriam deveres conexos ao da prestação principal e poderiam ser nominados como danos de acompanhamento[72].

Existe diversidade na doutrina mundial acerca da terminologia atribuída a esses deveres, o que, no entanto, não interfere no desenvolvimento dogmático do estudo. Karl Larenz, por exemplo, preferiu expressá-los como *deveres de conduta*[73].

[71] Canaris, Claus-Wilhelm. Il significato di una regolamentazione generale dell'ogligazione e i titoli I e II del secondo livro del BGB, traduzione a cura dela dott. Maria Cristina Dalbosco, in I cento anni del Codice Civile tedesco in Germania e nella cultura giuridica italiana, Padova: CEDAM, 2002, p. 272-3 apud Donnini, Rogério. *Responsabilidade civil pós-contratual.* Ob. cit., p. 205.

[72] Cordeiro, António Manuel da Rocha e Menezes. *Da boa-fé no direito civil.* Ob. cit., p. 603.

[73] Larenz, Karl. *Derecho de obligaciones.* Madrid: Revista de Derecho Privado, 1958, p. 21.

No âmbito do direito espanhol, a terminologia utilizada por José Luis de Los Mozos é deveres acessórios[74], enquanto para Delia Matilde Ferreira Rubio a denominação é deveres ou pauta de conduta[75].

No direito lusitano, António Menezes Cordeiro[76] trata-os como deveres acessórios, fazendo uma tripartição em deveres de proteção, esclarecimento e lealdade; Manuel Carneiro da Frada[77], como deveres de proteção; Carlos Alberto da Mota Pinto[78] e Mário Júlio de Almeida Costa[79], como deveres laterais.

Na França, Yves Picod[80] fala em deveres de cooperação (decorrentes da lealdade); Béatrice Jaluzot[81], em deveres acessórios; e Jacques Guestin[82], como deveres de seguridade (*obligations de securité*). Na Itália, para Emilio Betti[83], são denominados deveres de proteção.

Na Argentina, Rubén Stiglitz os denominou, de forma bastante próxima a Larenz, como deveres secundários de conduta[84], embora os demais doutrinadores argentinos, como Atilio Aníbal Alterini, diferenciem apenas obrigações principais e *accesorias o secundarias*, sendo estas o que se denomina deveres acessórios[85].

[74] Los Mozos, José Luis de. *El principio de la buena fe*: sus aplicaciones prácticas en el derecho civil español. Barcelona: Bosch, 1965, p. 210.

[75] Rubio, Delia Matilde Ferreira. *La buena fe*: el principio general en el derecho civil. Madrid: Montecorvo, 1984, p. 256.

[76] Cordeiro, António Manuel da Rocha e Menezes. *Da boa-fé no direito civil*. Ob. cit., p. 586.

[77] Frada, Manuel António de Castro Portugal Carneiro da. *Contrato e deveres de proteção.* Coimbra: Coimbra Editora, 1994, p .94.

[78] Pinto, Carlos Alberto da Mota. *Cessão de contrato.* Ob. cit., p. 279.

[79] Costa, Mário Júlio de Almeida. Ob. cit., p. 66.

[80] Picod, Yves. *Le dovoir de loyauté dans l'exécution du contrat.* Paris: Librairie générale de droit et de jurisprudence, 1989, p. 13.

[81] Jaluzot, Béatrice. *La bonne foi dans lês contrats.* Paris: Dalloz, 2001, v. 5. p. 510.

[82] Guestin, Jacques. *Droit civil:* lês obligations: lês efets Du contrat. Paris: Librairie Générale de Droit et de Jurisprudence, 1992, p. 49.

[83] Betti, Emilio. Ob. cit., p. 100.

[84] Stiglitz, Rubén S. La obligación precontractual y contractual de información. El deber de consejo. *Revista de direito do consumidor,* São Paulo, n. 22, p. 9-35, abr.-jun. 1997.

[85] Alterini, Atilio Aníbal. Contratos*: civiles – comerciales – de consumo – teoria general.* Buenos Aires: Abeledo-Perrot, 1998, p. 529-31 Apud Donnini, Rogério. *Responsabilidade civil pós-contratual.* Ob. cit., p. 211.

No Brasil, o assunto foi tratado por Clóvis Couto e Silva[86], como deveres anexos; por Judith Martins-Costa[87], como deveres colaterais ou instrumentais; por Renan Lotufo[88], como deveres acessórios ou de contorno; por Fernando Noronha[89], como deveres fiduciários; por Araken de Assis[90], como acessórios ou laterais; por Paulo Lôbo[91], como deveres de conduta, entre outros respeitados nomes.

Neste livro, serão tratados como *deveres de consideração,* termo extraído da obra de Rogério Donnini, como a terminologia mais moderna utilizada entre os alemães, que foram os sistematizadores desses deveres[92].

Os deveres de consideração foram divididos pela doutrina alemã em deveres anexos de prestação (*Leistungspflichten*) e deveres anexos de proteção (*Schutzplichten*), de modo que aqueles estavam destinados à realização e proveito posterior da prestação, enquanto estes envolviam a proteção do patrimônio da contraparte[93].

Seja qual for a terminologia, os deveres de consideração imputarão às partes o dever de agir em verdadeiro espírito de colaboração com o outro, antes mesmo de formalizar e concretizar uma avença, durante sua execução, ou ainda após o adimplemento de todas as obrigações dela oriundas. É uma espécie de colaboração que transcenderá os limites objetivos ou temporais do contrato, não vinculados à prestação principal do devedor, mas sim deveres que deverão ser observados pelo credor, devedor e terceiros.

Os deveres de consideração, dos quais fazem parte o dever de lealdade, de informação, de sigilo, de proteção, de confiança, a seguir isoladamente tratados, não deixam de ter sua origem no direito romano primitivo, que

[86] SILVA, Clóvis Veríssimo do Couto e. *A obrigação como processo.* Ob. cit., p. 118.

[87] MARTINS-COSTA, Judith. *A boa-fé no direito privado.* Ob. cit., p. 438.

[88] LOTUFO, Renan. *Código Civil comentado*: obrigações parte geral. São Paulo: Saraiva, 2003, v. 2, p. 18.

[89] NORONHA, Fernando. *Direito das obrigações*: fundamentos do direito das obrigações. São Paulo: Saraiva, 2003, v. 1, p. 79.

[90] ASSIS, Araken de. *Resolução do contrato por inadimplemento.* 4. ed. São Paulo: Revista dos Tribunais, 2004, p. 112.

[91] LÔBO, Paulo. *Direito das obrigações.* Teoria geral das obrigações. São Paulo: Saraiva, 2005, p. 77.

[92] DONNINI, Rogério. *Responsabilidade civil pós-contratual.* Ob. cit..

[93] FABIAN, Christoph. *O dever de informar no direito civil.* São Paulo: Revista dos Tribunais, 2002, p. 64.

há mais de dois mil anos trazia a figura da *fides* (confiança), relacionada à boa-fé. Essa *fides* romana carregava conotações variadas, como morais, religiosas, éticas, ou de garantia[94], tendo passado por diversos desdobramentos conceituais (ora de forma objetiva, ora de forma subjetiva), até sua sistematização no século XX pela doutrina alemã.

Destaca-se entre os alemães, segundo Mário Júlio de Almeida Costa, a sistematização feita em 1961 por Weber[95], que catalogou esses deveres a partir da boa-fé objetiva do § 242 do BGB e do princípio *Treu und Glauben* (lealdade e confiança), da seguinte forma:

> 1) deveres de cuidado em sentido estrito (guarda, depósito, conservação); 2) deveres de proteção em sentido estrito; 3) deveres de informação; 4) deveres de esclarecimento (exibição, comunicação, explicação); 5) deveres de colaboração; 6) deveres de assistência.

Prossegue Almeida Costa, explicando que também entre os alemães, em 1967, Soergel, Siebert e Knopp dividiram esses deveres em outras seis categorias[96]:

> 1) deveres de cuidado, previdência e segurança; 2) deveres de aviso e esclarecimento; 3) deveres de informação e prestação de contas; 4) deveres de cooperação; 5) deveres de proteção e cuidado com a pessoa e o patrimônio da contraparte; 6) deveres de omissão.

Ainda entre os alemães, Stoll foi outro nome precursor do desenvolvimento do tema no país, mas, assim como Weber, Soergel, Siebert e Knopp, também situava os deveres de consideração na esfera da violação positiva do contrato, de modo a proteger a esfera pessoal e patrimonial das partes[97].

Dessa forma, o § 242 do BGB, além de obrigar o devedor a cumprir sua prestação em conformidade com o conceito da boa-fé, passa a exigir um comportamento que preserva a vida, a saúde, a integridade, o patri-

[94] CORDEIRO, António Manuel da Rocha e Menezes. *Da boa-fé no direito civil.* Ob. cit., p. 54-59.

[95] WEBER, *J. Von Staudingers Kommentar zum Burgerlichen Gesetzbuch mit Einfuhrungsgesetz und Nebengesetzen: recht der Schuldverhaltnisse.* 11. ed. Berlin, 1961, v. 2, p. 78.

[96] COSTA, Mário Júlio de Almeida. Ob. cit., p. 190.

[97] STOLL, Heinrich apud SILVA, Jorge Cesa Ferreira da. Ob. cit., p. 79-80.

mônio da outra parte, de onde se extrai uma gama de deveres acessórios, como deveres de informar, recomendar, esclarecer, advertir, colaborar, cuidar, assistir, proteger etc.

Franz Wieacker[98] considera que toda sentença ou decisão baseada no § 242 do BGB contribui para a criação de direito futuro, dividindo as funções do artigo em três: 1) na primeira, o juiz se limita a cumprir o seu *officium iudicis*, ou seja, estritamente o ordenado na lei, sem espaço para o desenvolvimento da *culpa in contrahendo* ou da *culpa post pactum finitum*; 2) na segunda, o juiz aplica *praeter legem* o § 242, exigindo às partes que no exercício ou defesa de seus direitos se comportem de maneira justa; e 3) na terceira, o juiz aplica o § 242 *contra legem*, ou seja, dá-se a ruptura com o direito anterior legislado, surgindo um novo direito judicial, de modo que sob esse terceiro prisma a função desse artigo seria uma regra de criação judicial de direito, embora vinculada aos princípios jurisprudenciais anteriormente elaborados, o que talvez hoje se aproxime daquilo que se estuda como "ativismo judicial".

A projeção dos deveres de consideração no direito alemão aconteceu a partir de um caso concreto julgado em 1911 pelo *Reichsgericht*, conhecido classicamente na doutrina como o *caso dos tapetes de linóleo*[99]. Nesse emblemático caso, uma senhora, acompanhada de uma criança, dirigiu-se a uma loja de tapetes e, após realizar algumas compras, foi persuadida pelo devedor a adquirir um tapete de linóleo, quando então se dirigiram a recinto diverso da loja, onde eram armazenados os tapetes.

Em decorrência da negligência do vendedor, que acomodou os rolos de linóleo de forma indevida no recinto, a senhora e a criança foram atingidas, o que lhes causou várias fraturas. O tribunal alemão condenou a loja a indenizar a senhora pelos danos sofridos, sob o fundamento de que existia a exigência de observância de certos deveres laterais, especialmente, nesse caso, do dever de proteção, que teria sido lesado pelo estabelecimento.

A exigência de observância desses deveres e a necessidade de cooperar com o outro passam a ser mais que obrigação moralmente desejável, concretizando verdadeira obrigação jurídica, que se não observada pode

[98] WIEACKER, Franz. *El principio general de la buena fe.* Tradução José Luis Carro. 2. ed. Madrid: Civitas, 1986, p. 29-31.

[99] CORDEIRO, António Manuel da Rocha e Menezes. *Da boa-fé no direito civil.* Ob. cit., p. 604.

gerar responsabilidade civil reparável pelo ordenamento por si só, com rendimento autônomo.

Etimologicamente, consideração vem de *consideratio, onis,* que significa apreço, estima, afeição, respeito que se expressa por uma pessoa ou alguma coisa[100]. Já o termo cooperação vem do latim *cooperari, cum + operari,* que significa operar juntamente a alguém, em conjunto, prestação de auxílio para um fim comum[101]. Daí já é possível extrair um substrato do que esses termos podem significar para partes que possuem um interesse comum.

Ainda que a finalidade principal de uma obrigação seja a satisfação da prestação, é necessário que isso ocorra dentro dos limites do ordenamento jurídico e dos valores por ele eleitos, especialmente dentro do conceito de dignidade da pessoa humana (CF, art. 1º, III), como será tratado adiante. Faz-se primordial, inclusive, que o próprio credor assuma uma posição de consideração e colaboração para o adimplemento do devedor. Dentro dessa perspectiva, Pietro Perlingieri[102] propõe:

> A obrigação não se identifica no direito ou nos direitos do credor; ela configura-se cada vez mais como uma relação de cooperação. Isto implica uma mudança radical de perspectiva de leitura da disciplina das obrigações: esta última não deve ser considerada o estatuto do credor; a cooperação, e um determinado modo de ser, substitui a subordinação e o credor se torna titular de obrigações genéricas ou específicas de cooperação ao adimplemento do devedor.

Isso quer dizer que não basta aos contraentes uma atitude negativa de *não fazer,* direcionada a impedir lesões na esfera jurídica de outrem, mas sim lhes exige consideração e cooperação ativa e efetiva para satisfação de interesses alheios.

O desatendimento dos deveres de consideração, ou em outras palavras, a falta de cooperação com o outro, não leva necessariamente ao locupletamento daquele que não colaborou, mas se o devedor pode pagar

[100] *Houaiss dicionário da língua portuguesa.* Instituto Antônio Houaiss. 3. ed. Rio de Janeiro: Objetiva, 2008, p. 183.

[101] Idem, p. 191.

[102] PERLINGIERI, Pietro. *Perfis do direito civil:* introdução ao direito civil constitucional. Tradução Ob. cit., p. 212.

uma dívida de R$1.000,00 ao seu credor com 10 notas de R$100,00, por que escolher pagar com 1.000 moedas de R$1,00, senão para deixar de cooperar e causar-lhe algum transtorno?

Os deveres de consideração desempenham uma atribuição sublime no âmbito das relações obrigacionais auxiliando na realização instrumental do conteúdo obrigacional como um todo[103]. Para Larenz, os deveres de conduta estão intimamente ligados com a confiança despertada em outrem[104].

Os deveres de consideração também são reconhecidos pela doutrina espanhola como presentes na interpretação dos negócios jurídicos daquele país, pelo que se chamam *deberes genéricos de protección y accesorios de cautela y prudencia*, ligados aos preceitos da boa-fé (*buena fe*), prevista expressamente nos arts. 7º, § 1º, e 1.258 do Código Civil espanhol, e no art. 57 do Código de Comércio[105].

Na Itália, a *correttezza* (correção) e a *buona fede* (boa-fé) são conceitos sinônimos para maior parte da doutrina, servindo de fundamento para responsabilizar aquele que viola os deveres de consideração ou acessórios[106]. Para a doutrina italiana, ainda que os deveres de consideração não tenham sido concebidos amplamente, a jurisprudência da Corte de Cassação os desenvolveu a partir dos arts. 1.175, 1.206 e 1.375 do *Codice Civile*[107].

[103] Sá, Fernando Augusto Cunha de. *Direito ao cumprimento e direito a cumprir.* Coimbra: Almedina, 1997, p. 6.

[104] Larenz, Karl. *Derecho de obligaciones.* Ob. cit., p. 21.

[105] Donnini, Rogério. *Responsabilidade civil pós-contratual.* Ob. cit., p. 209.

[106] Donnini, Rogério. *Responsabilidade civil pós-contratual.* Ob. cit., p. 213.

[107] "Art. 1.175. Comportamento secondo correttezza. – Il debitore e il creditore devono comportarsi secondo le regole della correttezza."

"Art. 1.206. Condizioni – Il creditore è in mora quando, senza motivo legittimo, non riceve il pagamento offertogli nei modi indicati dagli articoli seguenti o non compie quanto è necessario affinché il debitore possa adempiere l'obbligazione."

No mesmo sentido, Suprema Corte di Cassazione. Sezione Civile, sentença n. 1.694, 12 de março de 1984; sentença n. 8.247, 7 de novembro de 1987; sentença n. 809, 8 de fevereiro de 1986.

"Art. 1.375. Esecuzione di buona fede – Il contratto deve essere eseguito secondo buona fede." Suprema Corte di Cassazione. Sezione Civile, sentença n. 20.592, 29 de setembro de 2007; sentença n. 11.908, 13 de maio de 2008. Exemplos citados por Thiago Luís Santos Sombra na obra *Adimplemento contratual e cooperação do credor.* São Paulo: Saraiva, 2011, p. 37.

Os deveres de consideração, para Adolfo Di Majo Giaquinto, não são voltados para o cumprimento do dever principal de prestação, mas promovem tão somente a adoção de comportamentos pautados pela boa-fé objetiva conforme as circunstâncias concretas[108]. Defende a ideia central de que os deveres de consideração fazem com que toda relação obrigacional importe em uma duplicidade de interesses, sendo um deles de primeiro plano, que se traduz no dever de prestação e no comportamento do devedor na sua execução, e o outro ligado ao comportamento das partes com vistas a minimizar riscos oriundos de uma atividade alheia de forma cooperativa[109].

Na doutrina francesa[110], alguns doutrinadores trataram a questão dos deveres de consideração situando-os como *devoirs antérieurs ou postérieurs au contrat*, com fundamento no art. 1.134 do *Code Napoléon*[111], que concretiza o princípio da boa-fé[112].

Em Portugal, o assunto foi tratado por Menezes Cordeiro[113], Mota Pinto[114] e Mário Júlio de Almeida Costa[115], no sentido de que os deveres de consideração fazem com que as partes atuem de acordo com os comportamentos impostos pela boa-fé, não interessando o cumprimento direto da prestação, mas ao melhor processamento da relação obrigacional.

No Brasil, os deveres de consideração, especialmente nas fases externas do contrato, sempre foram tratados de forma tímida e incipiente, e isso se deve até pelo próprio choque ideológico entre o conteúdo social desses deveres e o pensamento patrimonialista que aqui vigorou por anos, especialmente antes da promulgação da Constituição de 1988.

Pontes de Miranda tratou do assunto ao falar em deveres-meios, deveres de atitude ou conduta, os quais deveriam ser observados por credor e

[108] Giaquinto, Adolfo Di Majo. *Delle obbligazioni in generale.* Bologna: Zanichelli, 1988, p. 117-118.

[109] Ibidem, p. 124.

[110] Frossard, Joseph. *La distinction des obligations de moyens et des obligations de résultat.* Paris: LGDJ, 1965, n. 473, p. 270 e s.

[111] Art. 1.134 – *Code Napoléon*: "As convenções legalmente constituídas têm o mesmo valor de lei para aqueles que a fizeram. Elas somente podem ser revogadas pelo consentimento mútuo, ou pelas causas que a lei admite. Devem ser executadas de boa-fé".

[112] Donnini, Rogério. *Responsabilidade civil pós-contratual.* Ob. cit., p. 214.

[113] Cordeiro, António Manuel da Rocha e Menezes. *Da boa-fé no direito civil.* Ob. cit., p. 603.

[114] Mota Pinto, Carlos Alberto da. Cessão de contrato. Ob. cit., p. 281.

[115] Costa, Mário Júlio de Almeida. Ob. cit., p. 54.

devedor reciprocamente, para que se atinja o fim da obrigação pelo melhor modo possível[116].

O desatendimento dos deveres de consideração, ou em outras palavras, a falta de cooperação com o outro, não leva necessariamente ao locupletamento daquele que não colaborou, mas se o devedor pode pagar uma dívida de R$1.000,00 ao seu credor com 10 notas de R$100,00, por que escolher pagar com 1.000 moedas de R$1,00, senão para deixar de cooperar e causar-lhe algum transtorno?

Fernando Noronha aproxima e relaciona os deveres de consideração com o elemento da confiança, arguindo que são deveres que apontam procedimento a se esperar por parte de quem, no âmbito do relacionamento obrigacional, age de acordo com os padrões socialmente recomendados de correção, lisura e lealdade, seja antes, durante ou após o encerramento de um contrato, o que se sobrepõe à advertência de Dabin de que o exercício de um direito para fins pessoais, com finalidade egoísta, está dentro do normal – *est dans la ligne normale*[117].

Rogério Donnini[118] trata de forma detalhada e relevante o assunto, destacando a importância e a finalidade desses deveres de consideração no trato da vida civil:

> É importante salientar que os deveres acessórios têm por finalidade evitar que uma das partes, utilizando-se de meios inadequados, impróprios, inconvenientes, contrários a uma relação obrigacional justa, equânime, equilibrada, cumpra de forma inexata, inconveniente, a prestação acertada, sem, contudo, violar os termos contratuais ou mesmo disposição legal específica, que regule uma dada situação, mas causando, é bem de ver, prejuízos à outra parte.
> Os deveres acessórios são, na realidade, impostos numa relação obrigacional com o fim de evitar que situações dessa natureza fiquem desamparadas pela simples ausência de um dispositivo legal específico ou de uma cláusula no contrato que preveja expressamente um certo comportamento. Por essa razão, o descumprimento desse dever, que é imanente da relação obrigacional, gera, caso haja prejuízo à outra parte, a obrigação

[116] Pontes de Miranda, Francisco Cavalcanti. *Tratado de direito privado.* Rio de Janeiro: Borsói, 1959, t. 26, p. 282.

[117] Noronha, Fernando. *Direito das obrigações.* Ob. cit., p. 80-1.

[118] Donnini, Rogério. *Responsabilidade civil pós-contratual.* Ob. cit., p. 201.

de indenizar, com fundamento na violação da cláusula geral de boa-fé, que impõe às partes deveres de lealdade, informação e proteção (deveres acessórios).

Os deveres de consideração possuem ainda uma espécie de função de controle, limitando direitos subjetivos, na medida em que as partes, mesmo ao exercerem seus direitos, deverão pautar-se pela observância de normas de conduta. Neste ponto, fala-se em *autonomia privada* e não mais em *autonomia da vontade*, que é mais ampla e quase irrestrita.

Para Renan Lotufo, a autonomia da vontade evoluiu justamente para o conceito de autonomia privada, em uma concepção que traz ligação direta com o plano constitucional, vinculada à preservação de novos valores que visem concretizar a dignidade e a solidariedade[119]. Afirma esse autor:

> O fato é que muitos dos que investiram contra o negócio jurídico tomaram-no baseado, ainda, na teoria da vontade, enquanto os que conseguem uma visão evolutiva partem do conceito de autonomia privada, numa concepção que traz ligação direta com o plano constitucional[120].

Isso quer dizer que a autonomia privada está delimitada pelo próprio ordenamento jurídico, que passou a exigir das pessoas a observância de comportamento escorreito, antes, durante e após a conclusão dos negócios jurídicos, e não mais ampla liberdade de fazerem tudo aquilo que não estiver proibido, característica do liberalismo.

Os deveres de consideração deverão ser observados pelas duas partes, credor e devedor, destacando-se as colocações de Jorge Cesa Ferreira da Silva, a partir das conclusões de Stoll de que "os deveres de proteção (laterais ou de conduta) veiculam os interesses de ambas as partes na preservação da própria pessoa e de seu patrimônio, sendo a subjetivação de tais deveres, assim, bilateral"[121].

[119] LOTUFO, Renan. *Código Civil comentado*: parte geral [arts. 1º a 232]. São Paulo: Saraiva, 2003, v. 1, p. 268.

[120] Idem.

[121] STOLL, Heinrich apud SILVA, Jorge Cesa Ferreira da. Ob. cit., p. 79-80.

Para Mauricio Mota, os deveres laterais podem ser definidos como, não interessando à obrigação principal, essenciais ao correto processamento da relação obrigacional em que a prestação se integra[122].

O surgimento dos deveres de consideração, no entanto, não está atrelado necessariamente à formação do vínculo jurídico, com conformação rígida e fixa[123]. Tais deveres estão presentes nos desdobramentos da situação jurídica subjetiva, de modo que seu conteúdo se adapta às variáveis a que é submetida a obrigação, com certa independência[124].

Desatender um comportamento ético poderá gerar um dano de confiança ou de lealdade, surgindo o dever de indenizar os prejuízos que o lesado sofreu em razão de ter, de boa-fé, confiado na sua contraparte, o que não se confunde com inadimplemento de uma obrigação já pactuada.

Em julgamento proferido pelo TJSP, um acórdão de 2009 relatado pelo desembargador Manoel Pereira Calças tratou de forma bastante didática o assunto, em que defende que a observância dos deveres laterais não se limita ao período compreendido entre a assinatura e o término do contrato, passando a dar exemplos concretos dessa aplicação, como o dever de a instituição financeira fornecer aos clientes registros de movimentações financeiras mesmo quando encerrada a conta corrente; o dever de o empregador fornecer referências sobre o empregado que prestou serviços; o sigilo do executivo em relação a segredos industriais que teve acesso; entre outras situações que fazem emergir certas condutas fora do lapso temporal do contrato[125].

Como exemplifica Rogério Donnini, há situações em que o devedor cumpre sua obrigação contratual (como a entrega de um determinado produto), mas ainda assim acaba por causar danos ao credor, de forma que nessa hipótese, pela violação de um dever acessório, como, por exemplo, informação insuficiente sobre o uso do produto que venha a se danificar, haverá responsabilidade pelo prejuízo apurado[126].

[122] MOTA, Mauricio. A pós-eficácia das obrigações revisitada. Ob. cit., p. 7.

[123] NANNI, Giovanni Ettore. Ob. cit., p. 304.

[124] CORDEIRO, António Manuel da Rocha e Menezes. *Da boa-fé no direito civil.* Ob. cit., p. 616.

[125] TJSP, AC nº 1.233.417-0-9, Valinhos, 29ª Câmara de Direito Privado, Rel. Des. Manoel Pereira Calças, v. u., j. em 18-3-2009.

[126] DONNINI, Rogério. *Responsabilidade civil pós-contratual.* Ob. cit., p. 83.

Os deveres de consideração passam a merecer tutela jurídica, de modo que o direito não pode mais ficar indiferente à frustração de alguém que tenha confiado na sinceridade ou nas promessas infundadas do outro, buscando, com isso, uma espécie de estabilidade de certas qualidades das pessoas e das coisas, embora a existência de efetivo prejuízo seja imprescindível para fins de reparação.

Como já tratado no Capítulo 2, os deveres de consideração não se confundem com os chamados deveres secundários, que acompanham os próprios deveres principais ou primários. Isso quer dizer que, em dada obrigação, é possível que exista um dever principal, como a locação e o pagamento de aluguel, um dever secundário, que lhe complementa, a fiança, e outros deveres laterais ou de consideração, como avisar ao locador, sempre que cheguem ao conhecimento do locatário, vícios da coisa ou fatos ignorados por aquele.

Antunes Varela destaca que uma das distinções entre os deveres primários ou secundários e os deveres acessórios de conduta reflete-se na possibilidade de os deveres de conduta surgirem antes ou independentemente de se ter constituído a relação obrigacional da qual decorre o dever principal[127].

Ensina Carlyle Popp que os deveres de consideração não admitem, a princípio, convenção em sentido contrário, já que a cindibilidade do direito da parte seria o mesmo que se permitir a possibilidade de os negociadores agirem sem boa-fé. Ressalta, no entanto, que excepcionalmente, e desde que mantidos os deveres de correção e lealdade, se poderia admitir a disponibilidade de alguns deveres específicos, como o de sigilo, já que as partes podem dispor em contrato eventual dispensabilidade do segredo das negociações, e, assim, nenhum ilícito será cometido por aquele que, moderadamente, expressou-se sobre os tratos[128].

Hoje, no direito brasileiro, esses deveres devem estar presentes no trato de todas as relações jurídicas, não só no direito privado, mas também nas relações de direito público, direito econômico, direito do trabalho. A partir de agora, cada um desses deveres laterais ou de consideração e respectivos exemplos práticos de sua aplicação em cada uma das áreas serão comentados.

[127] VARELA, Antunes. Ob. cit., p. 127-129.

[128] POPP, Carlyle. Ob. cit., p. 197.

3.1 Dever de lealdade

Um dos elementos que integram o conjunto formado pelos deveres de consideração, a bem da verdade, seu núcleo essencial, é o *dever de lealdade*. Para António Menezes Cordeiro, esse dever obriga as partes a se abster de comportamentos que possam falsear o objetivo do negócio ou desequilibrar o jogo das prestações por elas consignadas[129].

O juízo de lealdade não está ligado ao vínculo contratual, mas sim à evolução das sociedades e suas ordens jurídicas no sentido da boa-fé, estando ligado a deveres de não concorrência, de não celebração de contratos incompatíveis com o primeiro, de não prosseguimento em tratativas de negociação quando se sabe que não irá contratar, de não divulgar dados sigilosos do contrato ou da negociação, entre outros.

Isso quer dizer que se alguém sabe que não vai contratar porque já conhece vício que recai sobre o objeto da contratação ou sobre a capacidade da parte, por exemplo, falta com a lealdade ao participar de negociações preliminares por simples especulação, gerando na contraparte uma expectativa frustrada, prejuízo financeiro, ou mesmo simples perda de tempo.

Também falta com lealdade alguém que vende um ponto comercial com fundo de comércio consagrado e ao lado abre negócio concorrente, ou firma um novo pacto completamente incompatível com o primeiro. Esses são alguns exemplos de conduta desleal nas fases externas do contrato, pré e pós-contratual.

Embora não seja o foco deste livro, é possível que haja violação da lealdade mesmo durante o pacto contratual, a exemplo da seguradora que, após manter seguro de vida por longos anos com segurado, recebendo os prêmios pontualmente, recusa-se a renovar quando este já se encontra em idade mais avançada e, portanto, mais propenso à ocorrência de sinistro.

O dever de lealdade pressupõe que a parte atue de forma honesta, retilínea, prestigiando a confiança que a outra parte deposita no negócio, sendo uma vertente da concepção de boa-fé objetiva.

A questão da lealdade pode ser vista sob dois vieses: o da conduta comissiva, ou seja, agir de forma a cooperar, removendo obstáculos que atrapalhem os interesses do outro contratante, facilitando o desenrolar

[129] CORDEIRO, António Manuel da Rocha e Menezes. *Da boa-fé no direito civil*. Ob. cit., p. 606.

das coisas; e o da omissão, dever de *non facere*, vale dizer, abster-se de prosseguir ou travar negociação sem intenção de concretização do negócio, deixar de negociar com várias pessoas diferentes ao mesmo tempo, prestar informações inverídicas, não criar expectativas frustradas no outro etc.

Exemplo julgado em 2009 pelo Tribunal de Justiça de Minas Gerais[130] trouxe o caso de um fazendeiro que afirmava desejar vender seu imóvel rural, tendo realizado tratativas com um zootécnico para que esse cuidasse de seu gado com fins de valorização do bem e obtenção de melhor negócio com a venda, prometendo-lhe em troca 5% sobre o valor da venda.

As partes não chegaram efetivamente a formalizar o contrato, mas as tratativas eram públicas e conhecidas por diversas testemunhas. A partir da confiança no negócio e da expectativa real de que a promessa do fazendeiro seria cumprida, o zootécnico passou a trabalhar arduamente na fazenda, deixando o imóvel rural em excelente estado.

Com isso, foram feitas propostas de aquisição do imóvel por terceiros interessados, exatamente como previam e esperavam as partes envolvidas naquelas tratativas. Ocorre que o proprietário do bem se desinteressou da alienação após estar este pronto para as atividades agropastoris.

Sob a alegação de ter sofrido prejuízo, já que o zootécnico despendeu horas de trabalho e empenho na valorização de referido imóvel rural amparado na confiança de que receberia parte do produto obtido com a venda da fazenda, demandou na justiça requerendo o pagamento de indenização por parte do fazendeiro.

A defesa apresentada pautou-se no argumento de que só seriam devidos valores se a venda do imóvel efetivamente ocorresse, o que não aconteceu, de maneira que os trabalhos realizados pelo zootécnico teriam sido realizados, segundo o fazendeiro, pelo próprio encargo de capataz que supostamente possuía.

O TJMG julgou o caso a favor do profissional rural sob a ênfase do *dever de lealdade*, ao entender que o dono da fazenda violou a boa-fé objetiva e deixou de observar comportamento ético, leal, correto com sua contraparte, aproveitando-se da confiança depositada para dele tirar vantagem, frustrando as expetativas criadas, com justa causa, pelo trabalhador.

[130] TJMG, Apelação Cível nº 1.0040.06.047266-5/001 e 0472665-79.2006.8.13.0040, Araxá, 13ª Câmara Cível, Rel. Des. Alberto Henrique, publicação em 5-3-2009.

Essa decisão se deu no mesmo sentido de um *leading case* julgado pelo Tribunal de Justiça do Rio Grande do Sul, em 1991, quando uma empresa alimentícia distribuiu a produtores rurais locais sementes de tomate, comprometendo-se a realizar a compra dos frutos em ocasião futura.

Nesse caso, o agricultor confiou no acerto e criou uma justa expectativa de recebimento de lucro derivado da futura venda da plantação, expectativa que restou frustrada visto que a empresa não cumpriu com o que havia prometido, tendo desistido da compra futura combinada.

Ao julgar esse caso[131], o relator desembargador Ruy Rosado de Aguiar Júnior, decidindo pelo direito de o agricultor ser indenizado pela empresa alimentícia, pronunciou-se nos seguintes termos:

> Decorre do princípio da boa-fé objetiva, aceito pelo nosso ordenamento jurídico [...] o dever de lealdade durante as tratativas e a consequente responsabilidade da parte que, depois de suscitar na outra a justa expectativa da celebração de um certo negócio, volta atrás e desiste de consumar a avença.

Em todos esses casos, os prejuízos sofridos pelos autores decorreram da ausência de lealdade por parte dos réus, conduta que deu origem às indenizações reclamadas.

Também sob o viés do dever de lealdade, a doutrina enfrenta a situação de negociações preliminares com mais de um interessado ao mesmo tempo. Há corrente no sentido de que tal conduta não viola o dever de lealdade por si só, não sendo nada mais do que a expressão da própria liberdade contratual e da autonomia privada.

A consequência lógica das negociações paralelas seria justamente uma melhor contratação, de forma que por isso não violaria a boa-fé objetiva e respectivamente os deveres de consideração. Evidente a influência liberal nesse tipo de pensamento.

Ressalva é feita por Mário Júlio de Almeida Costa, que excetua a situação quando a parte realiza despesas em tais negociações, para dizer que, nesse caso, seria necessário informar a contraparte sobre o real cenário

[131] TJMG, Apelação Cível nº 1.0040.06.047266-5/001 e 0472665-79.2006.8.13.0040, Araxá, 13ª Câmara Cível, Rel. Des. Alberto Henrique, publicação em 5-3-2009.

das negociações paralelas, que, a seu ver, por via de regra, e se assim informadas, não violam a boa-fé ou a lealdade[132].

Não é o que pensa Maria Paz Garcia Rubio, que em sentido contrário disciplina que o dever de lealdade sempre fará emergir a necessidade de comunicação do outro acerca das multinegociações[133].

No plano nacional, Carlyle Popp defende que as tratativas preliminares não podem ocorrer concomitantemente com vários interessados, já que a parte estaria certamente ludibriando alguns deles, que, mesmo nutrindo expectativas e confiança sobre o negócio, jamais poderia ser este concretizado com todos, de forma que apenas uma das partes conheceria o cenário real das negociações preliminares, em desfavor dos demais, que, em meio a vários candidatos, certamente um deles ficaria sem a concretização do negócio.

Defende esse autor que "em face da boa-fé é vedado manter tratativas para a realização de idêntico negócio jurídico com mais de um candidato. Esta exclusividade é presumida"[134]. A linha de pensamento seguida por Popp visa prestigiar os valores existenciais do sujeito de direito em detrimento de uma preocupação exacerbada com o patrimônio.

Fernando Noronha situa a lealdade como pressuposto que repousa no seio do convívio e da aproximação de dois sujeitos; é a razão pela qual se espera e se impõe o não rompimento injustificado das negociações, a não divulgação de informações obtidas nas tratativas ou na relação contratual e que tragam prejuízos à contraparte[135].

O dever de lealdade não está restrito ao direito privado, mas projeta-se também sobre todos os demais ramos jurídicos. Na seara do direito público, por exemplo, a omissão de informação relevante por candidato, durante o concurso público, *ex vi* da existência de sentença criminal contra si, viola o dever de lealdade a ser observado perante a Administração Pública. Por diversas vezes, o Tribunal de Justiça de São Paulo, em casos como esse, decidiu pela legalidade de exclusão do candidato quando tal informação fosse omitida, e isso justamente por ferir o *dever de lealdade*,

[132] Costa, Mário Júlio de Almeida. Ob. cit., p. 63.

[133] Rubio, Maria Paz Garcia. *La responsabilidad precontractual en el derecho español*. Madrid: Tecnos, 1991, p. 55.

[134] Popp, Carlyle. Ob. cit., p. 206.

[135] Noronha, Fernando. *Direito das obrigações*. Ob. cit., p. 85.

entendimento reiteradamente confirmado pelo Superior Tribunal de Justiça.

Também na Justiça do Trabalho, o dever de lealdade é suficiente para imputar ao empregador a obrigação de prestar informações e referências verídicas sobre ex-funcionário, ou ainda em relação a este de não divulgar informações empresariais a que teve acesso, ou mesmo difamar a empresa no mercado.

Em julgamento proferido pelo TJSP[136], foi reconhecida a existência do dever de lealdade envolvendo a relação pós-contratual entre funcionário e empresa. Nesse caso, a antiga empregadora forneceu dados equivocados acerca do período de trabalho da ex-empregada, tendo esta proposto ação de indenização alegando ter sofrido prejuízos em decorrência da conduta.

Muito embora a Corte paulista tenha reformado a sentença de primeiro grau, que havia acolhido a pretensão da ex-funcionária, o fez apenas por não ter vislumbrado danos patrimoniais de forma efetiva, reconhecendo, no entanto, a exigência e a existência dos deveres laterais mesmo após o encerramento do contrato, fazendo alusões bastante interessantes ao longo do acórdão:

> No caso concreto, apesar de já extinto o contrato de trabalho, projetam-se, em sua decorrência, certos deveres de conduta de parte a parte. Tomem-se como exemplo os deveres de sigilo de estratégias empresariais, por parte do empregado, e do dever de prestar referências, por parte do empregador.
> Alguns desses deveres persistem até mesmo após a cessação do contrato, integrando o campo da responsabilidade pós-contratual, como no presente caso. A razão disso é simples. Não são prestações reguladas explicitamente pelas partes, mas sim deveres de conduta que têm causa no contrato e se projetam no tempo, após a sua extinção.
> [...]
> Houve violação ao dever anexo e pós-contratual do empregador de prestar informações e dar correta referências do empregado.
> 3. Não basta, porém, para gerar direito à indenização, apenas a violação a dever lateral de conduta de natureza pós-contratual.

[136] TJSP, Apelação Cível nº 361.396-4/4, Barueri, 4ª Câmara de Direito Privado, Rel. Des. Francisco Loureiro, j. em 13-11-2008.

> É requisito da responsabilidade civil que o ato contrário ao ordenamento jurídico seja a causa de dano patrimonial indenizável. Em outras palavras, é necessário que exista uma interligação entre a ofensa à norma e o dano sofrido, que haja uma ponte entre o dano e o ato ilícito.

O dever de lealdade, portanto, é um dos principais integrantes dos deveres de consideração, senão o principal, justamente porque dele decorre efetivamente um senso de ética, de respeito, de lisura, totalmente vinculado à ideia de não prejudicar o outro (*neminem laedere*), sendo passível de ser suscitado ainda quando se pensa especificamente em violação aos deveres de sigilo, proteção e informação.

3.2 Dever de informação

A exigência de uma comunicação honesta e clara entre os contraentes, especialmente em relação às informações passíveis de alterar o próprio rumo e interesse na concretização de um negócio, também passa a fazer parte dos deveres de consideração a serem observados nas fases externas do pacto como decorrência da boa-fé e da ênfase social norteadora das relações civis contemporâneas. É o chamado *dever de informação.*

A palavra *informação* significa "ato ou efeito de informar-se; dados acerca de algo ou alguém; comunicação ou notícia trazida ao conhecimento de alguém ou do público; instrução, direção; conhecimento amplo e bem fundamentado"[137]. Assim, de forma mais concisa, pode-se dizer que a informação será a comunicação de determinados atos ou fatos e o dever de informação será justamente o dever jurídico de proceder a essa comunicação.

Durante as negociações preliminares, por exemplo, poderá surgir a necessidade de uma das partes esclarecer dúvidas sobre os mais variados aspectos da relação contratual que se pretende firmar, de modo que a contraparte está, pelo dever de informação, obrigada a esclarecê-las.

Esse dever obriga as partes, mutuamente, a esclarecer aspectos da obrigação entabulada, assim como seus efeitos, antes da celebração do contrato, durante ou mesmo após seu encerramento, de forma que a falta

[137] *Houaiss dicionário da língua portuguesa*. Ob. cit., p. 422.

de informação relevante poderá lesar aquele que não foi suficientemente informado[138].

Carlos Alberto da Mota Pinto faz ainda uma distinção entre a obrigação de informar e a obrigação da verdade. Para ele, o dever de informação é uma obrigação de prestação de fato positivo, em que a contraparte seria obrigada a informar com exatidão sobre os fatos essenciais ao negócio, enquanto o dever de verdade seria uma obrigação de prestação de fato negativo, em que a contraparte deve omitir a comunicação de informações inverídicas ou inexatas[139].

No direito alemão, o § 144 do BGB é citado por Claus-Wilhelm Canaris como exemplo de que o vendedor de uma coisa deve dar informação adequada sobre ela, inclusive instrução de uso, o que significa dizer que a relação obrigacional é complexa e reúne vários deveres[140].

Francesco Caringella enfrenta o tema concluindo que os deveres de informação implicam a exigência de que seja feita a comunicação de qualquer fato prejudicial à finalidade da relação obrigacional ou que seja pertinente e relevante à adoção de uma decisão ou posicionamento futuro por parte do destinatário, a fim de com isso evitar prejuízos desde a fase pré-contratual das tratativas. Prossegue esse autor trazendo alguns exemplos elucidativos, como o dever de um cantor informar ao produtor acerca de eventuais problemas de saúde quando se tem contratado uma apresentação, ou, ainda, o dever de o proprietário de um navio cargueiro informar a existência de avarias no casco antes do embarque das mercadorias[141].

O fornecimento de informação relevante, conhecida ou conhecível com a diligência ordinária, em favor da contraparte, para Caringella[142], implica um dever a ser observado pelos candidatos a contratantes, o

[138] Donnini, Rogério. *Responsabilidade civil pós-contratual.* Ob. cit., p. 88.

[139] Pinto, Carlos Alberto da Mota. *A responsabilidade pré-negocial pela não conclusão do contrato.* Coimbra: Universidade de Coimbra, 1966, p. 156.

[140] Canaris, Claus-Wilhelm. *Il significato di una regolamentazione generale dell'ogligazione e i titoli I e II del secondo livro del BGB, traduzione a cura dela dott. Maria Cristina Dalbosco, in I cento anni del Codice Civile tedesco in Germania e nella cultura giuridica italiana.* Ob. cit., p. 272-3 apud Donnini, Rogério. *Responsabilidade civil pós-contratual.* Ob. cit., p. 205.

[141] Caringela, Francesco. *Studi di diritto civile:* obbligazioni e responsabilità. Milano: Giuffrè, 2007, v. 9, p. 17-18.

[142] Ibidem, p. 38.

que mereceu reconhecimento e proteção do Tribunal de Lecco, na Itália, que decidiu que se um banco deixar de prestar informações precisas aos clientes acerca dos títulos mobiliários recebidos (*bonds argentini*), de modo que o cliente pudesse decidir de outra forma se informado, então incidirá a responsabilidade[143].

Paolo Gallo leciona no mesmo sentido, avaliando que esse dever tem o escopo de tornar clara a situação em que a outra parte possua conhecimento imperfeito, equivocado ou até mesmo ignorado[144]. Isso quer dizer que as circunstâncias do negócio devem ser efetivamente conhecidas pelas partes, que não poderão omitir informação relevante sobre a contratação, já que ela poderia vir a ser suficiente para alterar a escolha da contraparte na negociação.

As doutrinas alemã e portuguesa ainda tratam do dever de informar em relação a perguntas feitas pela contraparte, para analisar se aquele que foi questionado estaria sempre obrigado a responder, ou, ao se recusar, se ficaria a critério daquele que possui a dúvida fazer as necessárias ilações a respeito.

De fato, só faz sentido um dever de informação quando exista um dever de informar com a verdade, como decorrência lógica daquele, porém, sendo a pergunta inadmissível porque invade a esfera íntima da pessoa ou porque é ilícita de alguma forma, então nesses casos não necessitaria ser respondida com a verdade. É o que defende Larenz[145], mencionando inclusive a questão da gravidez no âmbito das negociações para conclusão do contrato de trabalho, cuja pergunta se refere à esfera íntima da pessoa e viola a igualdade de tratamento.

Nesse mesmo sentido, não estaria obrigado a falar a verdade ao possível empregador o candidato que possuísse circunstâncias negativas que recaíssem sobre si, como condenações prévias ou filiação partidária[146] por

[143] TRIBUNALE DI LECCO. Sentença n. 657, de 14 de junho de 2007. Cf. SOMBRA, Thiago Luís Santos. Ob. cit., p. 94.

[144] GALLO, Paolo. *Conttatto e buona fede:* buona fede in senso oggetivo e transformazioni del contrato. Torino: UTET, 2009, p. 157-158.

[145] LARENZ, Karl. *Allgemeiner Teil des Burgerlichen Rechs*, p. 611 apud SILVA, Eva Sónia Moreira da. *Da responsabilidade pré-contratual por violação dos deveres de informação.* Coimbra: Almedina, 2003, p. 72.

[146] Mogúncia – Tribunal Regional de Trabalho, NJW 1985, 510.

exemplo, diferente da situação de revelar doenças que limitem expressivamente a aptidão para o trabalho.

Outros autores, no entanto, não concordam com essa exceção e legitimação do direito a mentir. É o caso da autora portuguesa Eva Sónia Moreira da Silva[147], que entende, seja lá como for, nunca deveria existir o direito de mentir, mas apenas uma recusa a responder, uma omissão. Apesar de louvável sua intenção, apenas não parece sempre possível realizá-la, já que a simples recusa em responder determinadas perguntas já significaria o mesmo que respondê-las, violando algum direito da parte, afinal, qual seria a conclusão daquele que ao questionar a mulher sobre estado de gravidez esta apenas se recusasse a responder à pergunta?

Menezes Cordeiro faz uma estreita aproximação entre o dever de lealdade e o dever de informação, já que entende o mestre português que, agindo de forma desleal, a parte está, a bem da verdade, violando o dever de informação[148], que, por sua vez, exige que sejam feitos todos os esclarecimentos acerca do negócio antes de sua concretização[149].

Falta com o dever de informação, por exemplo, alguém que esteja vendendo um automóvel que sabe já ter sido batido e danificado, quando o reparo o torna visualmente perfeito, sendo um direito da contraparte saber exatamente sobre todos os aspectos do bem, que são passíveis inclusive de alterar sua precificação presente ou futura.

Apenas munida de todas as informações sobre a negociação é que a parte poderá ou não exercer a autonomia de sua vontade, já que assim conhecerá amplamente o cenário do negócio, suas circunstâncias, efeitos e decorrências.

O dever de informação, no mesmo sentido do dever de lealdade, possui os vieses positivo e negativo. É o que preconiza Michael de Juglart, localizando a primeira situação quanto às informações prestadas, que não podem ser dúbias, incompletas, obscuras, imprecisas, falsas ou contraditórias. Já com relação ao viés negativo, esse estaria relacionado à omissão de informações essenciais ao negócio[150].

[147] Silva, Eva Sónia Moreira da. Ob. cit., p. 72.

[148] Cordeiro, António Manuel da Rocha e Menezes. *Da boa-fé no direito civil*. Ob. cit., p. 551.

[149] Ibidem, p. 583.

[150] Juglart, Michael de. L'oglibation de renseignements dans les contracts. *Revue Trimestralle de Droit Civil*, v. 43, p. 8, 1945.

Ana Prata entende que pode haver violação ao dever de informação pela falta de tempestividade dela, o que quer dizer que o devedor poderá ser responsabilizado por danos em situações em que prestou a informação tardiamente, de modo que a demora tenha sido a causa dos danos[151].

Em julgamento envolvendo o tema, o TJSP[152] entendeu que a falta de comunicação completa pelo alienante de imóvel acerca de pendência de dívidas sobre ele violava o corolário da boa-fé objetiva e o dever de informação, levando ao fim do negócio com determinação de devolução de parcelas já pagas:

> Mais ainda, há outro aspecto que não pode ser olvidado, posto não se cuide de relação consumerista. E tal o que se coloca no âmbito da boa-fé e do dever mesmo de precisa informação pela ré. Compreendida a boa-fé objetiva como padrão de comportamento ético, solidário, de inspiração constitucional (art. 3º I) e, na sua função supletiva, levada ao texto do artigo 422 do CC, daí se extraem deveres de comportamento reto e leal, dentre os quais se erige a informação que, no caso, a ré deveria ter cumprido e não cumpriu.

Nesse caso, as partes condicionaram a apresentação de certidões complementares em momento posterior, tendo o alienante informado de maneira imprecisa o valor dos débitos que recaíam sobre o imóvel (bem menor que o valor real).

Esta situação não se confunde, no entanto, com o dever de informar-se de cada parte acerca do negócio jurídico que pretende realizar. No caso narrado acima, houve tanto distorção como omissão de informação pelo alienante, que conhecia os débitos, mas aproveitou que as certidões não ficariam prontas imediatamente e assim não informou. Sobre a distinção entre o dever de informação e o próprio dever de cada um de informar-se, Karl Larenz explica:

> O não fornecimento de uma informação não é, entretanto, em todo caso, digno de proteção, porque cada parceiro contratual suporta em princípio

[151] PRATA, Ana. *Notas sobre responsabilidade pré-contratual*. Coimbra: Almedina, 2005, p. 50.

[152] TJSP, Apelação Cível nº 0032011-55.2012.8.26.0554, Santo André, 1ª Câmara de Direito Privado, Rel. Des. Claudio Godoy, j. em 5-11-2013.

> o ônus da própria informação e precisa tratar de obter as informações relevantes para o contrato, em caso de necessidade, também através de questionamentos e de própria investigação[153].

Portanto, o dever de informação estaria muito mais ligado a aspectos de difícil acesso ao contrafigurante, que dependeria do fornecimento daquela informação quase exclusivamente pelo outro.

Não é o caso, por exemplo, daquele que vai adquirir um imóvel e tem o dever de informar-se acerca da solvência do vendedor e da regularidade de débitos do próprio imóvel. A parte possui plenas condições de extrair certidões e documentos que comprovem existir ou não demandas ajuizadas, protestos realizados, pendências de tributos, não sendo possível deixar de cumprir suas diligências e depois, ao se deparar com eventual fraude à execução, alegar ignorância sobre tais fatos de fácil constatação. Aqui reside o próprio ônus de informar-se que as partes negociantes devem carregar.

É necessário que as partes encontrem uma justa medida entre o ônus que possuem de se informar, elas mesmas, acerca de diligências básicas a serem tomadas antes da celebração de qualquer negócio jurídico, e o dever de informar daquele que conhece relevante informação ou que essa seja por ele facilmente conhecível, o que se aproxima da própria noção do *erro*, prevista no art. 138 do Código Civil[154], que serve de guarida à extensão do dever de informação.

No direito lusitano, o declarante que incorra em erro acerca do objeto do negócio ou sobre a pessoa do declaratório, ou, ainda, ligado à causalidade do negócio, no decurso das negociações para a formação de um determinado contrato, poderá arguir sua anulabilidade com base nos arts. 251º e 247º, ainda que o erro não seja desculpável e que a sua contraparte não tenha conhecimento, o que torna essa possibilidade de anulabilidade muito ampla[155].

[153] LARENZ, Karl. *Allgemeiner Teil des Burgerlichen Rechs.* Ob. cit., p. 599 apud FRITZ, Karina Cristina Nunes. *Responsabilidade pré-contratual por rompimento das negociações preliminares.* Dissertação (Mestrado em Direito das relações sociais) – PUCSP, São Paulo, 2005, p. 57.

[154] Art. 138 do CC: "São anuláveis os negócios jurídicos, quando as declarações de vontade emanarem de erro substancial que poderia ser percebido por pessoa de diligência normal em face das circunstâncias do negócio".

[155] SILVA, Eva Sónia Moreira da. Ob. cit., p. 219.

O mesmo não acontece no direito espanhol, onde quem incorre em erro que poderia evitar atuando de forma diligente, ou seja, sendo ele indesculpável, não poderá questionar ou impugnar o contrato, o que para Maria Paz Garcia Rubio é uma forma de proteger o interesse da contraparte que confiou na integridade da declaração[156], embora seja diferente quando esse erro indesculpável seja imputável à contraparte, que o conhecia e não o desfez. Nesse caso, seria possível pensar em ação de anulação do negócio, com responsabilidade se existiu dolo ou culpa da contraparte[157].

Para Renan Lotufo, o erro acarreta uma avaliação falsa da realidade que atinge a vontade do declarante, que, se conhecesse corretamente a realidade, não a teria declarado daquela forma[158]. No direito brasileiro, a análise do art. 138 do Código Civil não possibilita concluir que o destinatário único da norma seja o declarante, de forma que o dispositivo destina-se ao comportamento do destinatário, que, se perceber o erro do declarante, não realize o negócio ou faça os esclarecimentos exigidos, para que possa efetivamente atuar de boa-fé, sob pena de anulação do negócio[159].

Sobre essa controvérsia acerca do ônus do dever de informação, e a justa medida que deve haver entre as partes, Cláudio José Franzolin, em sua tese de doutorado, exemplifica o caso de alguém que chegou recentemente na cidade e decide comprar um imóvel qualquer, visitando a região aos finais de semana ou em período de férias escolares. Realizada a compra, não poderá mais tarde reclamar que foi surpreendido com excessivo trânsito no local, que abrigava nas proximidades uma escola, por supostamente não ter o vendedor lhe dado essa informação. Franzolin entende que nesse caso faltaria razoabilidade na pretensão do comprador, pois as verificações das instalações da vizinhança eram de fáceis constatações, realizáveis por diligências simples, não podendo transferir ao vendedor um dever de diligência que é exclusivamente seu[160].

[156] RUBIO, Maria Paz Garcia. Ob. cit., p. 47.

[157] Ibidem, p. 163.

[158] LOTUFO, Renan. *Código Civil comentado*: obrigações parte geral. São Paulo: Saraiva, 2003, v. 1, p. 381.

[159] BDINE JUNIOR, Hamid Charaf. O erro como defeito do negócio jurídico. In: NANNI, Giovanni Ettore (Org.). *Temas relevantes do direito civil contemporâneo:* reflexões sobre os cinco anos do Código Civil. São Paulo: Atlas, 2008, p. 245.

[160] FRANZOLIN, Cláudio José. Ob. cit., p. 312.

Para certos autores, a exemplo de Peirre Engel e Von Tuhr, existem algumas contratações que necessitam de uma exigência maior quanto ao conteúdo das informações e esclarecimentos a serem prestados por cada uma das partes, pela própria natureza de a relação estar marcada pelo elemento da confiança. Seria o caso dos contratos de sociedade ou mandato, por exemplo[161].

Também quando a relação contratual envolve duas partes com poder negocial desequilibrado, o dever de informação e de esclarecimento quanto ao conteúdo contratual assumem particular relevância, já que a debilidade contratual poderia deixar a parte fraca em posição suscetível de amargar prejuízos[162], tendência muito presente nas jurisprudências francesa[163] e alemã[164]. Sobre o tema, Ana Prata discorre:

> Por isso que as doutrinas e jurisprudências europeias tendam a utilizar potencialidades do instituto nessa área, identificando deveres de esclarecimentos mais intensos e mais amplos sempre que reconhecem a desigualdade negocial das partes, que releva frequentemente também – e aí encontram adicional justificação tais obrigações – do especial apetrechamento técnico de uma delas[165].

Até por isso o dever de informação na seara do Código de Defesa do Consumidor brasileiro[166] é mais que dever de consideração, trata-se de verdadeira norma jurídica, que decorre de lei e não do conceito de boa-fé, como será analisado em item oportuno.

Outro julgamento bastante interessante ocorreu na seara do direito do trabalho, quando um determinado banco lançou uma proposta de incentivo à demissão voluntária dos funcionários, informando que outra

[161] ENGEL, Pierre. *Traité des obligations en droit suisse*. 2. ed. Berne: Stampfli, 1997, p. 136; TUHR, A. Von. *Tratado de las obligaciones*. Madrid: Reus, 1934. t. I., p. 215.

[162] GHESTIN, Jacques. *Les obligations. Le contrat:* formation. Ob. cit., p. 119.

[163] JUGLART, Michael de. Ob. cit., p. 9.

[164] LARENZ, Karl. *Lehrbuch des* Schuldrechts: *allgemeiner teil*. 1. Band. Müchen: Beck, 1982, p. 93-94, apud PRATA, Ana. Ob. cit. p. 52, nota 122.

[165] PRATA, Ana. Ob. cit., p. 52.

[166] Art. 6º do CDC "São direitos básicos do consumidor: [...] III – a informação adequada e clara sobre os diferentes produtos e serviços, com especificação correta de quantidade, características, composição, qualidade, tributos incidentes e preço, bem como sobre os riscos que apresentem".

igual não ocorreria futuramente. Algum tempo depois, o banco editou nova proposta, porém agora, ainda com mais benefícios. Um empregado, que aderiu ao primeiro programa de incentivo acreditando na falsa informação de que seria única aquela oportunidade, tal como informado pelo banco, demandou na Justiça, que declarou a quebra da boa-fé objetiva por parte do empregador, que violou a confiança gerada em seus funcionários com sua falsa promessa de que não lançaria novas propostas de igual teor[167].

Isso porque, ao transmitir uma informação, não se pretende influenciar as decisões de seu destinatário, mas sua principal qualidade é possuir certeza e objetividade, sendo que no caso vertente a atuação do banco se projetou quase para uma espécie de conselho ou recomendação, vale dizer, se os funcionários não aproveitassem aquele programa de incentivo, não teriam outra chance de saírem da empresa em tão boas condições.

Há o conselho quando, além da informação, existe um juízo de valor sobre aquilo que é comunicado, sugerindo que o aconselhado venha ou não a agir de determinada forma, ainda que essa ação não seja vinculativa para o destinatário. Para Muriel Fabre-Magnan[168], a informação (*renseignement*) é a comunicação de um elemento objetivo, em estado bruto, enquanto o conselho (*conseil*) implica mostrar-lhe as deduções que podemos retirar de tal elemento, a atitude a ser adotada em tais circunstâncias, visto que aquele se distingue deste por uma diferença de grau.

[167] TRT da 4ª Região, Recurso Ordinário nº 00010-2006-104-04-00-0, Rel. Ricardo Martins Costa. Ementa: "Recurso ordinário do reclamante. Quebra da boa-fé objetiva. Violação positiva do contrato. O conteúdo contratual é composto por pelo menos duas espécies de deveres, os deveres de prestação e os deveres de proteção. Os primeiros dizem respeito à prestação que caracteriza o tipo contratual, constituindo, no contrato de trabalho, a prestação dos serviços, pelo empregado, e o pagamento do salário, pelo empregador. Os segundos dizem respeito a deveres de conduta, dentre eles os deveres de proteção à legítima confiança, de não defraudar imotivadamente a confiança legitimamente despertada na parte contrária, sob pena de inadimplemento obrigacional na modalidade conhecida como violação positiva do contrato. Hipótese em que o Banco, ao declarar que não mais editaria propostas semelhantes, induziu os seus empregados – e, particularmente, o reclamante –, a aderir ao PAI-50. Declarando-a, assumiu a responsabilidade pelo seu cumprimento, ou pelos seus danos advindos da violação da promessa geradora da confiança. Apelo Provido".

[168] Fabre-Magnan, Muriel. *De l'obligation d'information dans les contrats*: essai d' une théorie, Paris: LGDJ, 1992, p. 8 e 9.

A recomendação seria algo semelhante ao conselho, mas, segundo Eva Sónia Moreira da Silva[169], difere deste no grau de intensidade, já que será uma exortação menos forte. Ainda assim, pretende-se, tal como no conselho, influenciar a atuação do destinatário.

Para Carlyle Popp, o dever de conselho reside no âmbito da oportunidade do negócio, enquanto o de recomendação labora, normalmente, com alternatividades de conduta. A obrigação de conselho é mais intensa que a de recomendação. Elas implicam, inclusive, a obrigatoriedade de a contraparte eventualmente agir contra seus próprios interesses e orientar a outra parte a não realizar o negócio ou realizá-lo em outras condições. Pode-se dizer então que o dever de conselho e de recomendação precede o dever de informar, pois aqueles se referem como regra geral, ao negócio como um todo, e este às especificidades do contrato em questão[170].

Ocorre que na prática não é tão simples distinguir esses conceitos, como pode parecer, pois muitas vezes no processo de informação já vem incorporada a sugestão de se seguir de uma forma ou de outra, ou no mínimo uma valoração dos dados por parte do transmitente, razão pela qual Jorge Ferreira Sinde Monteiro[171] justifica que deverão, em princípio, receber mesmo tratamento jurídico.

3.3 Dever de sigilo

Com as tratativas iniciais, e mesmo sem vínculo jurídico propriamente dito, pode-se tornar imprescindível que uma parte forneça à outra informações confidenciais. Nesse momento, emerge o *dever de sigilo,* que fará com que a parte se abstenha de transmitir adiante a informação que teve acesso durante as tratativas inaugurais, fato que poderia ocasionar prejuízos de toda ordem à contraparte.

Mesmo raciocínio para a fase pós-contratual, quando as obrigações reciprocamente estipuladas em contrato foram regularmente cumpridas e encerradas. Ainda assim subsiste, se necessário, a manutenção de absoluto sigilo das informações que obtiveram com o negócio.

O dever de sigilo, embora mais utilizado quando se fala em sociedades empresariais, deverá também ser observado entre negociações que

[169] Silva, Eva Sónia Moreira da. Ob. cit., p. 68.

[170] Popp, Carlyle. Ob. cit., p. 199.

[171] Monteiro, Jorge Ferreira Sinde. *Responsabilidade por conselhos, recomendações e informações.* Coimbra: Almedina, 1989, p. 17.

envolvam pessoas, de modo que a ideia de não prejudicar o outro com a divulgação de informação ou dados é exatamente a mesma.

Menezes Cordeiro situa o dever de sigilo como um dos aspectos inerentes ao dever de lealdade – tal qual considera ao tratar do dever de informação –, que restaria violado quando a parte venha a desvendar matéria que tenha tido conhecimento por via da negociação[172].

Algumas profissões possuem regulamentação própria em relação à obrigatoriedade de sigilo, como o próprio Código de Ética do advogado[173]. O advogado deverá guardar sigilo das informações recebidas pelo seu cliente, independentemente de esse lhe pedir. Nesse caso, não estamos mais à frente de um dever lateral, mas de verdadeira obrigação legal, protegida não só pela legislação civil, mas inclusive pela legislação penal[174], tamanha a sua importância.

Igualmente sucede quando as partes estipulam contratualmente acerca do dever de sigilo. Nesse caso, passa a ser uma obrigação definida em contrato, de forma que sua violação não se projetará sobre os chamados deveres de consideração ora propostos, mas como verdadeira violação positiva do contrato.

Já para as profissões sem regulamentação nesse sentido, e ainda para o trato civil de todas as relações particulares, negócios jurídicos, contratos de trabalho, entre outros, o dever de sigilo é um dever de consideração a ser observado como decorrente da boa-fé objetiva e dos preceitos consti-

[172] Cordeiro, António Manuel da Rocha e Menezes. *Da boa-fé no direito civil.* Ob. cit., p. 583.

[173] Código de Ética e Disciplina da OAB: "Art. 25. O sigilo profissional é inerente à profissão, impondo-se o seu respeito, salvo grave ameaça ao direito à vida, à honra, ou quando o advogado se veja afrontado pelo próprio cliente e, em defesa própria, tenha que revelar segredo, porém sempre restrito ao interesse da causa. Art. 26. O advogado deve guardar sigilo, mesmo em depoimento judicial, sobre o que saiba em razão de seu ofício, cabendo-lhe recusar-se a depor como testemunha em processo no qual funcionou ou deva funcionar, ou sobre fato relacionado com pessoa de quem seja ou tenha sido advogado, mesmo que autorizado ou solicitado pelo constituinte. Art. 27. As confidências feitas ao advogado pelo cliente podem ser utilizadas nos limites da necessidade da defesa, desde que autorizado aquele pelo constituinte. Parágrafo único. Presumem-se confidenciais as comunicações epistolares entre advogado e cliente, as quais não podem ser reveladas a terceiros".

[174] No Código Penal, existe previsão de crime de violação de sigilo, conforme o art. 154: "Revelar alguém, sem justa causa, segredo, de que tem ciência em razão de função, ministério, ofício ou profissão, e cuja revelação possa produzir dano a outrem: Pena – detenção, de três meses a um ano, ou multa".

tucionais sociais ligados à dignidade da pessoa humana e que deverão ser observados como verdadeira norma de conduta.

Ana Prata destaca que a exigência de observância do dever de sigilo está ligada às circunstâncias pelas quais a informação foi obtida, ou seja, se a informação era inacessível a qualquer sujeito, de forma que a parte que teve a informação sigilosa só o foi em razão dos contatos negociatórios e por causa deles.[175] Destaca ainda que o dever de sigilo pode se reportar às próprias tratativas:

> O dever de segredo pode, também, reportar-se às próprias negociações, dependentemente da natureza e situação dos contraentes e do tipo de contrato projectado: situações há, na verdade, em que a publicitação do decurso de dadas negociações é susceptível de provocar graves prejuízos a uma das partes, traduzidos nomeadamente na frustração de outras perspectivas contratuais, no agravamento das condições económicas de outros contratos, na alteração de projectos de atividade dos respectivos concorrentes[176].

3.4 Dever de proteção

O *dever de proteção* (*Schtzplichten*) faz com que os figurantes de uma relação jurídica evitem danos recíprocos, tanto no que toca o objeto da prestação, a integridade pessoal de cada um, como ainda em relação a tudo que possa otimizar a prestação.

O desenvolvimento e projeção do dever de proteção surgiram com o simbólico caso do linóleo, julgado pela Corte alemã em 1911 e já narrado no capítulo 3, quando uma senhora adentrou a um estabelecimento para a compra de um tapete de linóleo acompanhada de uma criança e ao serem encaminhadas por um funcionário para o setor, foram atingidas por rolos de linóleo mal posicionados que despencaram das prateleiras[177].

A partir de então, os deveres de proteção sofreram um alargamento considerável e estão consagrados em jurisprudência extensa, muitas vezes ligados a situações em que uma parte faculta à outra o uso de certos locais, como cafés, estalagens, recintos desportivos. Esses estabelecimentos responderão pelos danos que os usuários venham a sofrer por falta

[175] Prata, Ana. Ob. cit., p. 63.

[176] Ibidem, p. 64.

[177] Cordeiro, António Manuel da Rocha e Menezes. *Da boa-fé no direito civil.* Ob. cit., p. 604.

de segurança no local. No campo patrimonial, também os deveres de proteção seguiram reafirmados, a exemplo do julgamento pelo Tribunal alemão em 1928 de que determinado banco e seu utente estariam obrigados a evitar, de modo mútuo, tudo que pudesse causar prejuízos, como a entrega de cheques assinados em branco a um empregado[178].

O dever de proteção tratado acima por Menezes Cordeiro, ao que parece, aproxima-se de situações atuais como sinalização de piso escorregadio em *shoppings centers*, colocação de produtos em estantes seguras, guarda sobre pertences no interior de veículos deixados em estacionamentos, entre outros exemplos.

Esse dever de proteção não está submetido a qualquer regulação contratual, mas visa obstar possibilidades reais de agressão e ingerência provocadas pelas partes na ocasião de efetuar as respectivas prestações. A relação com o contrato, caso exista e seja ela qual for, não orienta esses deveres, que estão alheios à autonomia privada[179].

A formatação dos deveres de consideração deu-se a partir do estudo do dever de proteção por Stoll, de maneira que estaria circunscrito à tutela de interesse diverso, não identificado com a prestação principal, porém passível de ser lesado por um dos contratantes[180]. A emancipação categorial dos deveres de consideração ocorreu justamente sob o pano de fundo dos deveres de proteção[181].

A simples proximidade negocial entre as partes, antes mesmo do início das negociações formais, já seria o suficiente para emergir o dever de proteção, que se projetaria não só sobre a própria integridade física das pessoas, mas também sobre seu patrimônio[182].

Isso quer dizer que o dever de proteção, fruto do contato negocial entre as partes, possibilita a transferência mais eficiente dos bens e serviços contratados, de forma que, caso o patrimônio ou a integridade pessoal dos envolvidos sejam afetados, embora não tenham nenhuma conexão com a prestação em si, haverá pontos de contato e de razoabilidade com ela[183].

[178] Ibidem, p. 604, nota 271.

[179] Ibidem, p. 615.

[180] SOMBRA, Thiago Luís Santos. Ob. cit., p. 43.

[181] EHMANN, Hoorst; SUTSCHET, Holger. *La reforma del BGB*: [Código civil alemán]: modernización de derecho alemán de obligaciones. Bogotá: Universidad de Colombia, 2006, p. 108.

[182] CORDEIRO, António Manuel da Rocha e Menezes. *Da boa-fé no direito civil*. Ob. cit., p. 604.

[183] FRANZOLIN, Cláudio José. Ob. cit. 139.

Assim, o dever de proteção surge com rendimento autônomo da própria prestação, de modo que credor e devedor colaborem e tomem cuidados recíprocos em relação aos interesses do outro, baseados na confiança que floresce da relação negocial e que ganha maior colorido com a ênfase do princípio da solidariedade nas relações privadas.

O dever de proteção progrediu inclusive em relação a terceiros, nesse caso graças a Larenz, que desenvolveu o tema na doutrina, sendo acolhido pela jurisprudência, a qual, em 1956, julgou caso em que um fornecedor entrega determinada máquina para uma fábrica sabendo que se destinava a uso de terceiro. A máquina era perigosa, ferindo o trabalhador que a manuseou. Essa pessoa que utilizou a máquina acionou o fornecedor, obtendo êxito[184].

Apoiando a existência desses deveres de proteção de terceiros na formação de uma relação de confiança, Canaris aderiu à tese sustentada por Larenz, embora a ordenação dogmática da eficácia protetora de terceiros não seja pacífica[185].

Carlyle Popp situa o dever de proteção sob um caráter dúplice: o primeiro relacionado à proteção da integridade física e patrimonial da parte; e o segundo à exigência de cada parte zelar pelo interesse da outra, abstendo-se de divulgar informações recebidas com o trato comercial e que poderiam gerar dano. Prossegue atrelando esse dever ao zelo na divulgação de informações inerentes aos interesses da contraparte, de forma que nesse sentido estaria mais próximo do dever de sigilo[186].

Não é o que pensa Maria Paz Garcia Rubio, para quem não é necessária uma categoria específica dos deveres de proteção[187], já que tal obrigação decorreria do próprio conceito de ato ilícito, de não gerar dano a outrem. Aliás, Menezes Cordeiro, ao tratar do tema, também observa que os países que possuem a cláusula da responsabilidade civil incidindo sobre ato ilícito/dano, a exemplo de Portugal, já teriam solução para tais questões[188].

Francesco Benatti caminha no mesmo sentido, defendendo que os deveres de proteção não surgem com as negociações nem se destinam à

[184] Cordeiro, António Manuel da Rocha e Menezes. *Da boa-fé no direito civil.* Ob. cit., p. 620

[185] Idem.

[186] Popp, Carlyle. Ob. cit., p. 215.

[187] Rubio, Maria Paz Garcia. Ob. cit., p. 57.

[188] Cordeiro, António Manuel da Rocha e Menezes. *Da boa-fé no direito civil.* Ob. cit., p. 583.

concretização do contrato, mas sim refletem o interesse de todos os indivíduos de não sofrerem danos, existentes em todos os momentos da vida e não apenas em função das tratativas negociais[189].

Em prestígio ao dever de proteção, Jorge Leite Areias Ribeiro Faria dá o exemplo de um pintor contratado para pintar uma casa, explicando que não só deverá levar a cabo este trabalho de forma perfeita, mas também de sorte a que não danifique os móveis que nela estão[190].

Manuel Carneiro da Frada, ao tratar do assunto, exemplifica com um caso julgado pelo Supremo Tribunal de Justiça de Portugal, quando um atleta olímpico feriu-se durante o treinamento, imputando responsabilidade à entidade exploradora do ginásio, já que a boa-fé na execução do contrato impunha que esta zelasse pela correta fixação do aparelho de exercício no solo – que causou o acidente – e alertasse sobre sua forma de utilização segura[191].

Além do dever de proteção, alguns outros deveres também são trazidos pela doutrina, como, por exemplo, o dever de guarda, conservação, restituição, de clareza, mas que na essência podem ser considerados integrantes daqueles quatro deveres principais (lealdade, informação, sigilo e proteção) e, por isso, não serão tratados individualmente.

[189] BENATTI, Francesco. *A responsabilidade pré-contratual*. Tradução Vera Jardim e Miguel Caieiro. Coimbra: Almedina, 1970, p. 98.

[190] FARIA, Jorge Leite Areias Ribeiro. *Direito das obrigações*. Coimbra: Almedina, 2001, v. 1. p. 125.

[191] FRADA, Manuel Carneiro da. *Contrato e deveres de protecção*. Ob. cit., p. 442.

4. Deveres de Consideração no Código Civil – Boa-fé Objetiva

Os deveres de lealdade, sigilo, informação e proteção, principais elementos do que se propõe como deveres de consideração, não vêm positivados no texto do Código Civil vigente como regra de conduta.

Ainda que alguns dispositivos disciplinem situações especiais que possam envolver um desses deveres de forma específica, como o dever de informação nos contratos de transporte[192], o fato é que não se confundem com os *deveres de consideração* propostos neste livro como orientadores de comportamento.

Embora esses deveres não estejam no texto do Código, um de seus fundamentos reside na *boa-fé objetiva*, essa sim positivada na codificação civil vigente, e que impõe um comportamento honesto, escorreito, leal, colaborativo no trato da vida civil.

Para Judith Martins-Costa, os deveres de consideração podem decorrer da boa-fé[193], mas também podem derivar da lei, da força normativa dos usos e do conceito alargado de dano indenizável[194].

[192] Arts. 743 e seguintes do Código Civil.

[193] Martins-Costa, Judith. *A boa-fé no direito privado: sistema e tópica no processo obrigacional.* Ob. cit., p. 408.

[194] Martins-Costa, Judith. *Comentários ao novo Código Civil:* do inadimplemento das obrigações. Arts. 304 a 388. In: Teixeira, Sálvio de Figueiredo (Coord.) Rio de Janeiro: Forense, 2003, p. 52.

António Manuel Menezes Cordeiro alerta que a fonte desses deveres reside no próprio negócio, que atua como fato jurídico[195]. Ou seja, com a relação jurídica em andamento, a confiança floresce em dimensão mais elaborada, direcionando as partes para a observância de deveres especiais.

O Código Civil de 1916 esteve marcado por rigor conceitual e grande apego ao formalismo jurídico, de maneira que a boa-fé objetiva, por mais que pudesse ser extraída – implicitamente – de alguns de seus dispositivos no sentido de norma de conduta, não estava expressamente concretizada, pelo menos como cláusula geral – havia previsão da boa-fé dentro do aspecto subjetivo. Rogério Donnini comenta que, embora o BGB já previsse 20 anos antes a regra específica da boa-fé, o legislador brasileiro de 1916 nem sequer a fez constar (diferentemente do Código Comercial de 1850), o que possibilitou a confirmação de decisões judiciais contrárias à boa-fé e, assim, confrontantes com o ideal de justiça[196].

Foi com a edição da Constituição Federal em 1988 que se deu início a um processo de humanização do direito, quando o indivíduo foi alçado ao centro do ordenamento, especialmente por meio da concretização do princípio da dignidade da pessoa humana e da solidariedade. Essa humanização do direito por meio da Carta Constitucional ocorreu no Brasil seguindo uma tendência mundial denominada direito civil constitucional[197], quando as relações obrigacionais, agora complexas e dinâmicas, passariam a ser também tuteladas por normas constitucionais relacionadas a matérias antes afeitas somente à lei ordinária, especialmente quando fossem envolvidos direitos fundamentais e sociais[198].

[195] CORDEIRO, António Manuel da Rocha e Menezes. *Da boa-fé no direito civil*. Ob. cit., p. 646.

[196] DONNINI, Rogério. *Responsabilidade civil pós-contratual*. Ob. cit., p. 143.

[197] Renan Lotufo explica a tendência do chamado direito civil constitucional após a 2ª Guerra Mundial, quando inúmeros direitos fundamentais, estimulados pela Declaração Universal dos Direitos do Homem, foram constitucionalizados em quase todos os países do mundo, enquanto seus códigos eram anteriores a essa remodelação trazida pelas constituições (LOTUFO, Renan. Da oportunidade da codificação civil. Ob. cit., p. 21).

[198] FACCHINI NETO, Eugênio. Reflexões histórico-evolutivas sobre a constitucionalização do direito privado. In: SARLET, Ingo Wolfgang. *Constituição, direitos fundamentais e direito privado*. Porto Alegre: Livraria do Advogado, 2003, p. 22.

Dois anos depois da edição da Constituição Federal, a boa-fé veio concretizada no Código de Defesa do Consumidor[199], quando o inciso III do art. 4º inseriu como verdadeiro princípio a harmonização dos interesses dos consumidores e fornecedores segundo a *boa-fé* e o equilíbrio nas relações.

A essa altura já não faria mais o menor sentido se o texto do novo Código, que vinha sendo debatido desde a década de 1970 por meio de projetos e anteprojetos, se omitisse em relação à positivação da boa-fé, que finalmente foi concretizada em diversos dispositivos, como o art. 113 (Parte Geral), segundo o qual "os negócios jurídicos devem ser interpretados conforme a boa-fé e os usos do lugar de sua celebração", o art. 187, o qual determina que "comete ato ilícito o titular de um direito que, ao exercê-lo, excede manifestamente os limites impostos pelo seu fim econômico ou social, pela boa-fé ou pelos bons costumes", e o emblemático art. 422, que determina: "os contratantes são obrigados a guardar, assim na conclusão do contrato, como em sua execução, os princípios de probidade e boa-fé".

Miguel Reale defendia um modo de interpretação sistemática, em que as disposições legais fossem analisadas com o contexto a que pertencessem. Assim, a boa-fé por si própria exigiria que a conduta praticada fosse avaliada dentro de um plexo concreto de circunstâncias e contexto de cada caso, harmonizando as normas postas e em vigor com a própria vontade daquele sujeito que agiu[200].

Dessa forma, a boa-fé objetiva, da qual decorrem os deveres de consideração, está concretizada hoje como cláusula geral – *Generalklauseln* –, o que trouxe ao Código, inclusive, a característica da *eticidade* como uma de suas bases de sustentação.

[199] "Art. 4º A Política Nacional das Relações de Consumo tem por objetivo o atendimento das necessidades dos consumidores, o respeito à sua dignidade, saúde e segurança, a proteção de seus interesses econômicos, a melhoria da sua qualidade de vida, bem como a transparência e harmonia das relações de consumo, atendidos os seguintes princípios: [...] III – harmonização dos interesses dos participantes das relações de consumo e compatibilização da proteção do consumidor com a necessidade de desenvolvimento econômico e tecnológico, de modo a viabilizar os princípios nos quais se funda a ordem econômica, sempre com base na boa-fé e equilíbrio nas relações entre consumidores e fornecedores."

[200] Reale, Miguel. *História do novo Código Civil*. Ob. cit., p. 37.

Diz-se cláusula geral, tendo em vista que será concretizada pelo juiz ao lhe atribuir valores próprios, instrumentalizando algo abstrato, a partir de conceitos de equidade, honestidade, ética, retidão e que, além de tudo, possibilita ao sistema jurídico manter-se atualizado. Almeida Costa preconiza ser expressão gramatical dos princípios normativos, fornecendo ao julgador critérios valorativos de maneira mais ampla e livre, e que ganharam simpatia modernamente em virtude da superação do positivismo científico e legalista de sistemas fechados que prevaleceram no passado[201]. Para Vera Fradera[202], a cláusula geral ainda possibilita aproximar o sistema *civil law*[203] do sistema *common law*[204], embora seja necessário que o magistrado aplique as cláusulas gerais de forma precisa, bem fundamentada.

Com relação à evolução histórica da boa-fé, é certo que teve suas origens no direito romano, com a chamada *fides*. António de Menezes Cordeiro, que dedicou amplo e profundo estudo ao tema no manual *Da boa-fé no direito civil*, explicou que a *fides* romana primitiva, por mais que possuísse mais de um significado, muitas vezes ligada a um caráter religioso e moral, estava sempre atrelada a uma ideia de confiança.

A *fides bona* do direito romano, conforme explica Moreira Alves, estava atrelada à ideia de confiança na palavra dada, sem que o direito projetasse mecanismos de proteção sobre ela. Era a confiança genuinamente em si mesma.

Com a expansão territorial de Roma, passou a ser necessário que o sistema jurídico protegesse as relações civis, especialmente os contratos que se firmavam entre romanos e estrangeiros, momento em que surgiu a figura dos *bonae fidei iudicia*, ligada ao comportamento das partes diante do direito das obrigações. Nesse momento, passou a ser possível que o magistrado decidisse conforme a boa-fé, o que de certa forma era até mesmo paradoxal, considerando ter sido aquele sistema essencialmente formalista.

[201] Costa, Mário Júlio de Almeida. Ob. cit., p. 120-121.

[202] Fradera, Vera. *1º Congresso Internacional de Direito Privado*, realizado na cidade de São Paulo, 14.05.2014.

[203] Sistema legal romano-germânico baseado na codificação do Direito e utilizado na maior parte dos ordenamentos do mundo, especialmente na América Latina e Europa Continental.

[204] Sistema legal baseado nas decisões dos tribunais, que criam e aperfeiçoam o Direito, praticado principalmente nos Estados Unidos, Canadá e Reino Unido.

Ocorre que o significado da *fides* romana ficou muito ampliado, pois ao mesmo tempo que havia a figura dos *bonae fidei iudicia*, ligada ao direito das obrigações e normas de comportamento, também passou a ser utilizada a *bonae fidei possessio*, vinculada muito mais ao direito possessório, à ignorância e ao desconhecimento por alguém da ocorrência de lesão sobre o outro, situação hoje próxima do conceito da boa-fé subjetiva, estudada na seara dos direitos reais. Além disso, o próprio cristianismo também veio emprestar algum sentido ao conceito de boa-fé, evidentemente muito mais religioso e ligado à ideia de ausência de pecado.

Assim, a boa-fé romana, a partir da concepção da *fides* em diferentes ramos do direito, passou a ter um conceito elástico, diluído, traduzindo situações jurídicas muito diferentes entre si.

Com isso, e também pela grande influência cristã, o estado psicológico que caracterizava a *fides possessio*, em conjunto com a ideia de não pecado, ficou em maior evidência, atravessando os períodos históricos seguintes com essa conotação, distante das características de normas de conduta ética, honesta, leal, ligadas ao seu caráter objetivo original.

Foi na Alemanha, séculos depois, que as características da boa-fé objetiva foram sistematizadas e separadas daquelas vinculadas ao aspecto subjetivo, tendo a legislação tedesca aplicado tratamento diverso aos institutos, trazendo a *guten glauben* como boa-fé em seu aspecto subjetivo, ligada ao estado de consciência de um sujeito, e a *treu und glauben*, em seu aspecto objetivo, ligada às normas de conduta, de comportamento leal, honesto, ético, confiável, daí falar que é uma criação germânica, já que o conceito da *fides bona* de Roma, não era, ou não foi, propriamente aquilo que se consagrou, contemporaneamente, como boa-fé objetiva.

A boa-fé objetiva, definida pelos alemães como *treu und glauben* (lealdade e confiança), é assim um dever global de agir de acordo com determinados padrões socialmente recomendados, a partir de norma comportamental de correção, lisura e honestidade, sempre com vistas a não frustrar a confiança da outra parte[205].

A consagração da boa-fé objetiva no ordenamento germânico deu-se por meio do § 242 do Código Civil alemão de 1900 (BGB – *Bürgerliches Gesetzbuch*), segundo o qual o devedor é obrigado a efetuar sua prestação como exigem a boa-fé e a intenção das partes determinada segundo os

[205] MOTA, Mauricio. A pós-eficácia das obrigações revisitada. Ob. cit., p. 5.

usos. A projeção e a influência desse dispositivo marcaram todo o direito obrigacional do ocidente.

O conceito de boa-fé objetiva no sistema alemão é mais amplo do que aquele que conhecemos no sistema brasileiro, já que se liga não só às normas de conduta a serem observadas pelas partes nos atos civis, mas ainda como princípio interpretativo dos negócios jurídicos e também como limite ao exercício de todos os direitos.

É a partir da boa-fé objetiva, hoje concretizada no Código Civil brasileiro no art. 422, que os deveres de consideração passam a ser obrigação jurídica imposta a todos no trato da vida civil, seja quando estão em tratativas preliminares de negociação, em que deverão portar-se da forma mais honesta e colaborativa possível, seja porque estão formalmente vinculadas por um contrato, seja ainda quando já adimpliram obrigações reciprocamente assumidas, momento em que subsistirão obrigações laterais de parte a parte, o que não se confunde, no entanto, com o instituto do *abuso de direito*.

Seguindo uma tendência mundial, que teve início com o Código Civil alemão de 1900 (BGB § 826) e mais tarde com o Código português de 1966 (art. 281), o Código Civil de 2002 passou a prever o abuso de direito como integrante do conceito de ato ilícito passível de reparação civil. Dispõe o art. 187 do código o seguinte: "Também comete ato ilícito o titular de um direito que, ao exercê-lo, excede manifestamente os limites impostos pelo seu fim econômico ou social, pela boa-fé ou pelos bons costumes".

Isso quer dizer que o agente que causar dano a outrem no exercício de um direito seu, mas que exceda manifestamente alguns limites estabelecidos em lei (por meio de cláusula geral), estará cometendo *abuso de direito* e consequentemente deverá reparar o ofendido.

A expressão abuso de direito foi criada pelo autor belga Laurent para denominar situações jurídicas que aconteciam na França, na fase inicial da vigência do *Code Napoléon*, que não previu o instituto, nas quais o tribunal reconhecia a excelência do direito do réu, mas condenava-o por irregularidades no exercício daquele direito[206].

[206] Menezes Cordeiro, António Manuel da Rocha e. *Da boa-fé no direito civil.* Coimbra: Almedina, 1997, p. 670-671.

Independentemente da discussão acadêmica[207] que recai sobre o tipo de responsabilidade civil atrelada ao abuso de direito – se objetiva (sem necessidade de comprovar culpa) ou se subjetiva (com necessidade daquela comprovação), já que não interfere na abordagem que aqui se pretende fazer –, o fato é que não se confunde a reparação civil decorrente do abuso de direito com aquela que decorre da violação dos deveres de consideração.

Apesar de conceitos próximos, já que atrelados nos dois casos ao conteúdo da boa-fé objetiva, o fato é que os deveres de consideração estão ligados à observância de um comportamento honesto, ético, correto, ou seja, regra de conduta por parte do agente no cenário de um negócio jurídico – neste livro antes e após o contrato –, o que se traduz em cooperar com sua contraparte para melhor satisfação de interesses recíprocos, diferentemente do abuso de direito, que está vinculado à cláusula geral de proteção ao ato ilícito, com atuação antijurídica por parte do agente ao exercer um direito próprio (ou posição jurídica) que lhe pertence de forma manifestamente excedente aos limites impostos pelo seu fim econômico ou social, pela boa-fé ou pelos bons costumes.

Os deveres de consideração, por via de regra, estão ligados ao cumprimento da prestação principal e secundária de uma tratativa negocial, podem estar antes ou após a formação e execução de um pacto, enquanto o abuso de direito existe no trato da vida civil como um todo, não vinculado à ideia de prestação contratual, mas sim ao excesso no exercício de um direito previsto e decorrente de lei, impondo-se a ideia de limitação ao comportamento do sujeito por meio dos direitos próprios de cada um.

Feita essa distinção, é certo que a inobservância dos deveres de consideração, mesmo que não haja locupletamento daquele que não coope-

[207] Para Humberto Theodoro Júnior (*Comentários ao novo Código Civil* – arts. 185 a 232. 2. ed. Rio de Janeiro: Forense, 2003, v. III, t. II, p. 118), José Augusto Delgado (*Comentários ao novo Código Civil brasileiro dos fatos jurídicos*. Rio de Janeiro: Forense, 2008, v. II, p. 861) e Everaldo Cambler (*Fundamentos do Direito Civil brasileiro* – Fundamentos da responsabilidade civil e o abuso de direito. São Paulo: Millennium, 2012, p. 108-109), a reparação civil no caso de abuso de direito se dá de forma subjetiva, ou seja, é necessário que haja culpa ou dolo do agente de causar dano, ainda que não tenha proveito com isso. Já para Giovanni Ettore Nanni e Fernando Noronha, (*Direito das obrigações*. Ob. cit., p. 394), a intenção não é levada em consideração, bastando a ação manifestamente excessiva do exercício de um direito próprio, o nexo causal e o dano.

rou, acarretará responsabilidade civil, por *culpa in contrahendo* (negociações preliminares), violação positiva do contrato (vigência contratual) ou *culpa post pactum finitum* (após encerramento do pacto), tratadas de forma individualizada, no primeiro e último caso, mais adiante e por meio de exemplos concretos.

5. Deveres de Consideração no Código de Defesa do Consumidor

A projeção dos deveres de consideração propostos neste livro é diferente quando se trata do Código de Defesa do Consumidor. Isso porque quando a obrigação de lealdade, sigilo, informação ou proteção decorrer de um comando legal, então não mais estaremos diante de violação dos deveres de consideração, de deveres comportamentais de conduta, mas de verdadeira violação de norma. Para o professor Rogério Donnini[208]:

> A violação de norma jurídica não acarretaria a discussão a respeito de um dever anexo ou acessório baseado na boa-fé, mas resultaria numa ação ou omissão vedadas em nossa lei, o que levaria o ofensor a reparar os danos causados pela mera infringência de um comando legal.

Mesma situação ocorre quando esses deveres vêm expressamente em contrato, pois, tal quando estão previstos em lei, a obrigação de atendê-los não decorre dos deveres de comportamento genéricos de ética e honestidade, mas sim de cumprimento de determinação legal ou contratual. Assim, se um desses deveres de consideração estiver disposto em contrato, seu descumprimento resultará, para a parte que o causou, o dever de reparar o prejuízo, sendo, nesse caso, a responsabilidade con-

[208] DONNINI, Rogério. *Responsabilidade civil pós-contratual.* Ob. cit., p. 124.

tratual, pois se estaria diante de um descumprimento de obrigação estipulada contratualmente[209].

Ao firmar um contrato preliminar, com assunção de obrigações de sigilo e informação, por exemplo, sua inobservância não violará os deveres de consideração, mas sim de disposição contratual expressamente estabelecida. Mesmo raciocínio em relação ao momento posterior ao cumprimento do pacto. Conforme aprofundado estudo do professor Donnini, esta é justamente a diferença entre a *pós-eficácia real* e a *aparente*, quando se trata dos deveres de consideração na fase pós-contratual. Veja-se:

> Assim, a norma do CDC que determina o dever de informação caso o fornecedor insira no mercado produtos dotados de nocividade ou periculosidade ao consumidor (art. 10, § 1º) é exemplo típico de aparente pós-eficácia, tendo em vista que, por se tratar de dispositivo legal, esses efeitos são impostos por comando legal, o que deixa de configurar a noção exata de responsabilidade pós-contratual ou pós-eficácia em sentido estrito[210].

Donnini ainda traz outros exemplos de *pós-eficácia aparente*, como a obrigação de o fornecedor ofertar componentes e peças de reposição durante a fabricação do produto (art. 32), ou a incumbência de o fornecedor informar as autoridades e os consumidores, caso insira produtos ou serviços que possam ter alto grau de nocividade ou periculosidade (art. 10, § 1º). O dever de informação nesses casos está na norma, na lei e não decorre do dever genérico da boa-fé. Acerca do tema, prossegue o autor:

> Apenas exemplificando, se o fornecedor não informa o consumidor, de maneira apropriada, a respeito de um produto, por força do Código de Defesa do Consumidor, caso haja dano, advém para o primeiro o dever de reparar os prejuízos suportados pelo segundo. Não se pode asseverar que o dever de informação seja acessório, num sentido restrito, haja vista que, por ser imposto legalmente, sua infringência responsabiliza o fornecedor. Haveria *in casu* responsabilidade derivada da lei, o que não ensejaria uma discussão de responsabilidade derivada da quebra de um dever acessório[211].

[209] Ibidem, p. 123.
[210] Ibidem, p. 101.
[211] Ibidem, p. 124.

Estes exemplos narrados tratam, portanto, de situações de pós-eficácia aparente, segundo classificação adotada por Menezes Cordeiro[212].

Além da pós-eficácia aparente, fala-se também *na pós-eficácia virtual*[213], situação que ocorre quando os efeitos da prestação secundária surgem após a extinção da obrigação principal, ou seja, a partir de uma relação complexa. São exemplos o dever de restituir a coisa após contrato de locação (art. 569, IV, do CC e art. 23, III, da Lei n. 8.245/91) ou a obrigação de o advogado devolver todos os documentos de seu ex-cliente após encerrada a relação profissional, que era a obrigação principal[214].

Além daquelas, há ainda mais uma modalidade de pós-eficácia das obrigações, denominada continuada, a partir de uma obrigação de conteúdo complexo, que conta com a existência de vínculos acessórios à prestação principal, que extinta, faz persistirem obrigações acessórias até o cumprimento total da obrigação. Donnini enfrenta o tema explicando:

> A pós-eficácia continuada ocorre numa obrigação de conteúdo complexo, ou seja, quando existem vínculos acessórios à prestação principal. Extinta esta, com o seu efetivo cumprimento, persistem os vínculos acessórios, até o cumprimento total da obrigação como um todo. Exemplo de pós-eficácia continuada pode ser dado numa obrigação cuja execução não se perfaz num único momento, como nos contratos de execução continuada (compra e venda a prazo). Nesse caso as prestações avençadas representam um liame acessório existente entre as partes, sendo que a realização do interesse do credor somente acontece quando da concretização de todos os deveres constantes da obrigação[215].

As últimas três hipóteses tratadas, ou seja, pós-eficácia aparente, virtual ou continuada, possuem um sentido amplo e se ligam a deveres impostos por normas jurídicas e não por deveres de conduta, que caracterizam, esses sim, a pós-eficácia em sentido real ou estrito[216].

[212] CORDEIRO, António Manuel da Rocha e Menezes. *Da boa-fé no direito civil.* Ob. cit., p. 176.

[213] DONNINI, Rogério. *Responsabilidade civil pós-contratual.* Ob. cit., p. 178.

[214] MOTA, Mauricio. *A pós-eficácia das obrigações. Questões de direito civil contemporâneo.* Rio de Janeiro: Elsevier, 2008, p. 224.

[215] DONNINI, Rogério. *Responsabilidade civil pós-contratual.* Ob. cit., p. 181.

[216] Ibidem, p. 182.

Isso tudo para dizer que, embora a boa-fé objetiva também tenha sido concretizada no Código de Defesa do Consumidor no art. 4º, III, como cláusula geral – aliás, antes do próprio Código Civil ou da Constituição Federal –, os deveres de lealdade, informação, sigilo e transparência, quando lá (CDC) estiverem previstos textualmente, não poderão ser considerados deveres de consideração propriamente ditos, já que a noção restrita desses deveres aparece justamente quando *não* estejam previstos no contrato ou no comando legal.

Isso não quer dizer que nunca poderá haver violação aos deveres de consideração quando se trata de uma relação de consumo. Desde que seja inobservado um dever genérico de comportamento, a exemplo da exigência da boa-fé, sua violação poderá representar efetivamente ruptura dos deveres acessórios[217].

[217] Ibidem, p. 148.

6. Deveres de Consideração e a Constituição Federal – Princípios da Dignidade da Pessoa Humana, da Solidariedade e da Justiça Social

Muito embora o fundamento central dos deveres de consideração seja a própria *boa-fé objetiva*, concretizada hoje como cláusula geral no Código Civil brasileiro (art. 422), é possível extrair fundamento constitucional para a origem desses deveres, o que acontece por meio dos princípios da dignidade da pessoa humana, da solidariedade e da justiça social, todos positivados na Lei Maior.

A importância da dignidade da pessoa humana veio como uma reação à crise do positivismo jurídico vinculado à derrota do nazismo alemão e do fascismo italiano do século XX[218]. Assim, em 1948, a dignidade humana passou a se projetar por meio da Declaração Universal dos Direitos Humanos da Organização das Nações Unidas - ONU[219] e, no ano seguinte, em 1949, passou a fazer parte da *Grundgesetz* – Lei Fundamental da República Federal da Alemanha[220], o que abriu caminho para sua

[218] PIOVESAN, Flávia. Direitos humanos, o princípio da dignidade humana e a Constituição brasileira de 1988. *Revista dos Tribunais*, São Paulo, v. 833, p. 44.

[219] Art. 1º da Declaração Universal dos Direitos Humanos: "Todos os seres humanos nascem livres e iguais em dignidade e em direitos. Dotados de razão e de consciência, devem agir uns para com os outros em espírito de fraternidade".

[220] Art. 1º, I, da *Grundgesetz:* "A dignidade humana é inviolável".

remodelação em todos os demais sistemas jurídicos ao redor do mundo[221], inclusive o brasileiro, com a Carta da República de 1988.

O princípio da dignidade da pessoa humana, na qualidade de valor absoluto, foi positivado logo no art. 1º, III, da Constituição Federal de 1988[222], passando o ser humano ao centro do ordenamento jurídico como princípio e razão de todo o direito.

O princípio da dignidade humana possui dois vieses distintos, sendo o primeiro deles ligado aos mecanismos de proteção das próprias pessoas, garantindo tratamento humano não degradante, digno, protetivo da integridade física e psicológica, pensado muito mais sob o discurso geral dos direitos humanos, que transbordam o próprio plano nacional e transcendem para um pensamento macro do sistema; e o segundo aparece como objetivo de concretizar a humanidade de cada um por meio de tutelas específicas, ações e projetos direcionados, a exemplo do Estatuto do Idoso (Lei n. 10.741/2003), do Código de Defesa do Consumidor (Lei n. 9.078/90), do Estatuto da Criança e do Adolescente (Lei n. 8.069/90), entre outras tutelas específicas de grupos ou de minorias.

A professora Rosa Maria de Andrade Nery[223] situa o princípio da dignidade humana como o maior princípio do direito privado, no qual prevalece o valor da vida e da liberdade do homem. Alude a professora que tal princípio não é apenas uma arma de argumentação de todos, mas a razão de ser do próprio direito, de maneira que se bastaria sozinho para estruturar todo o sistema jurídico: "Comprometer-se com a dignidade do ser humano é comprometer-se com sua vida e com sua liberdade".

O mundo contemporâneo passa a exigir que o homem se comporte cada vez mais de acordo com o padrão de elevada boa-fé objetiva, especialmente porque os valores sociais da livre-iniciativa e da valorização do trabalho humano estão a serviço da dignidade da pessoa humana e seu processo cívico[224].

[221] PIOVESAN, Flávia. Ob. cit., p. 41.

[222] Art. 1º da CF/88: "A República Federativa do Brasil, formada pela união indissolúvel dos Estados e Municípios e do Distrito Federal, constitui-se em Estado Democrático de Direito e tem como fundamentos: [...] III – a dignidade da pessoa humana".

[223] NERY, Rosa Maria de Andrade. *Introdução ao pensamento jurídico e à teoria geral do direito privado*. São Paulo: Revista dos Tribunais, 2008, p. 235.

[224] RUSSO JR., Rômolo. *Responsabilidade pré-contratual*. Salvador: JusPodivum, 2006, v. II, p. 33. (Coleção Temas de Direito Civil em homenagem a Teixeira de Freitas, coordenada por Rodrigo Mazzei).

A dignidade humana, até pelo *status* constitucional de máxima importância que possui, em sintonia com o direito civil privado, determina um comportamento humano baseado especialmente na ética, na boa-fé, na probidade, na função social dos contratos, da propriedade e em todos os demais institutos regulados e protegidos pelo ordenamento. Segundo Miguel Reale: "Agir de acordo com o princípio da dignidade da pessoa humana é o mesmo que atuar embasado na ética"[225]. E ética, honestidade, retidão comportamental estão intimamente ligadas aos deveres de consideração a serem observados pelas partes no trato da vida civil.

Após o advento da Carta Republicana de 1988, passou-se a um processo de constitucionalização do direito civil, experiência esta que, segundo Rogério Donnini, não foi única no Brasil, já que, citando Pietro Perlingieri, o mesmo ocorreu na Itália, quando a Constituição de 1948 impôs claras limitações ao enfoque produtivista do Código Civil com base nos direitos fundamentais da pessoa humana[226].

Por consequência, o Código Civil não é mais o único texto que orientará as relações privadas, tendo em vista que recebe o peso marcante da Constituição Federal, de forma sistemática e aglutinadora do sistema jurídico, não apenas como regra hermenêutica, mas ainda como norma vinculante de comportamento, o que recairá sobre as relações privadas, tutelando seus valores fundamentais, especialmente da pessoa humana[227].

Exemplo interessante que aborda violação aos deveres laterais de conduta, aproximando o valor constitucional da dignidade da pessoa humana do conceito da boa-fé objetiva presente no Código Civil, foi julgado pelo TJSP[228] em 2009, quando analisou o caso de rompimento de uma locação decorrente do contrato de trabalho de uma senhora, que, despejada do imóvel, ficou impedida pelos proprietários de retirar seus pertences pessoais, como vestuário, itens de higiene pessoal, objetos etc.

Isso porque, não obstante o rompimento da locação que decorria do contrato de trabalho também rompido, não era razoável que os proprietários, após a realização do despejo, impedissem a senhora, pessoa

[225] Reale, Miguel. *História do novo Código Civil.* Ob. cit., p. 262.

[226] Donnini, Rogério. *Responsabilidade civil pós-contratual.* Ob. cit., p. 115.

[227] Nanni, Giovanni Ettore. Ob. cit., p. 291.

[228] TJSP, AC nº 1.233.417-0-9, Valinhos, 29ª Câmara de Direito Privado, Rel. Des. Manoel Pereira Calças, v. u., j. em 18-3-2009.

humilde que era, de retirar seus bens pessoais de crucial importância para uma vida digna.

O Tribunal entendeu que em quaisquer contratos, além das prestações que constituem o núcleo das obrigações assumidas pelas partes, existem ainda certos deveres laterais de conduta decorrentes do princípio da boa-fé objetiva, como consequência de um comportamento ético, baseado na lealdade, que não se limitam ao período compreendido entre a assinatura e o término do contrato, de forma que a atitude da ré afrontava o princípio da dignidade da pessoa humana, positivado constitucionalmente.

Fazendo uma estreita relação entre os direitos fundamentais do indivíduo, o exercício da socialidade e da boa-fé objetiva, não haveria outra solução senão condenar a ré à indenização por danos morais à autora, o que sucedeu por votação unânime. Esse caso tratou da inobservância dos deveres de consideração por particulares a partir de um eixo constitucional e civil.

Do princípio da dignidade da pessoa humana decorrem outros dois: o *princípio da solidariedade* e o *princípio da justiça social*, que servirão como instrumentos da efetiva proteção da própria dignidade[229].

Prevista no art. 3º, I, da Constituição Federal de 1988[230], a solidariedade apresenta-se como um dos objetivos fundamentais da República Federativa do Brasil, emergindo como princípio constitucional.

A palavra solidariedade, segundo seu próprio significado[231], presume a ideia de um vínculo, de relação estreita e forte entre vários sujeitos ou partes e, além disso, em se tratando de sujeitos humanos, da ideia de responsabilidade de um para com o outro, no sentido de erguer ou amparar o debilitado, de assistência moral, de ajuda ao próximo, de verdadeira *cooperação e consideração* entre pessoas.

A transição do individualismo para o solidarismo decorreu de longa evolução. Na filosofia, a solidariedade partiu de Aristóteles, com a ideia de justiça, amizade e caridade. Aristóteles, na Antiguidade Clássica, posicionou a amizade como algo que precederia a própria justiça, já que as pessoas amigas, uma vez amistosas reciprocamente, não precisariam da

[229] DONNINI, Rogério. *Responsabilidade civil pós-contratual*. Ob. cit., p. 174.

[230] Art. 3º da CF/88: "Constituem objetivos fundamentais da República Federativa do Brasil: I – construir uma sociedade livre, justa e solidária".

[231] *Houaiss dicionário da língua portuguesa*. Ob. cit., p. 697.

justiça. Pela sociologia, a solidariedade foi tratada de forma mais ostensiva por Comte, Leon Bourgeois e Émile Durkheim. Este último posicionou a solidariedade em contraponto com o individualismo que sempre norteou e permeou as sociedades, noção mais próxima do conceito contemporâneo trazido pela Carta da República.

Marciano Vidal[232], em sua obra *Para comprender la solidaridad,* afirma que o termo nasceu e ganhou força na França, que passou a refletir o solidarismo como uma terceira via alternativa ao liberalismo (individualismo). José Fernando de Castro Farias disciplina que a lógica da solidariedade aparece no fim do século XIX, tratando de uma nova maneira de pensar em relação ao indivíduo e à sociedade, discurso que não se confunde com caridade e filantropia[233], conceitos esses ligados à solidariedade ensinada pelo cristianismo.

A Constituição italiana (1948) foi a que mais enfatizou o princípio da solidariedade na Europa, situando-a em seu art. 2º como *dever público,* intocável inclusive por divergências políticas, considerado em si ou coletivamente. Guido Alpa[234] defende que a solidariedade presente naquela Constituição orienta todos os demais dispositivos, estando ligada ao progresso dos cidadãos de forma material e espiritual.

Felice Giuffrè, no mesmo sentido, preconiza que a assunção de valores como a solidariedade na Constituição italiana evidenciou a trama das relações comunitárias, não limitadas mais à relação do homem com o Estado, mas sim do homem com toda a sociedade, tanto sob a luz do direito público como do direito privado[235].

No plano nacional, os direitos humanos e sociais nas constituições iam e vinham ao longo das décadas. Não houve qualquer menção específica à solidariedade na Constituição Imperial brasileira de 1824, na Constituição Republicana de 1891, nem na Carta de 1930, que, aliás, retrocedeu muitos dos direitos humanos.

[232] VIDAL, Marciano. *Para comprender la solidaridad.* Tradução Míriam Godinho. Vila Nova de Gaia: Perpétuo Socorro, 2005, p. 31.

[233] FARIAS, José Fernando de Castro. *A origem do direito de solidariedade.* Rio de Janeiro: Renovar, 1998, p. 190.

[234] ALPA, Guido. *La responsabilità civile,* Torino: UTET, 1997.

[235] GIUFFRÈ, Felice. *La solidarietà nell'ordinamento constituzionale,* Roma: Giuffrè Editore, 2002, p. 211-212.

Em 1934, apareceu pela primeira vez o valor da solidariedade, com a ampliação de diversos direitos humanos, sociais e constitucionais, mas que duraram pouco, já que em 1937 houve a implementação do Estado Novo. Com a Constituição de 1946, houve certa ampliação dos direitos sociais, mas em seguida as Cartas de 1967 e 1969 retrocedem novamente.

Finalmente, a Carta Republicana de 1988 traz a solidariedade entre os objetivos fundamentais da nação como verdadeiro princípio fundamental. Assim, aquele dever solidário que a princípio era inerente ao dever do Estado em relação aos cidadãos, no sentido de erradicação da miséria e concretização de direitos sociais, hoje vai além, passando também para a esfera do direito privado, ao particular, seja entre pessoas, seja entre empresas, seja entre grandes corporações.

A solidariedade passa a estar presente nas relações particulares muito além de um dever moral. Assim, embora o fundamento central dos deveres de consideração seja a boa-fé objetiva, é certo que os deveres colaterais de lealdade, honestidade, confiança, proteção etc. estão absolutamente influenciados pela ideia da solidariedade. Preconiza Giovanni Ettore Nanni que "a solidariedade é aplicada no âmbito das relações obrigacionais impingindo às partes o dever de – boa-fé – cooperar com a finalidade de se obter o adimplemento"[236].

Nesse diálogo entre solidariedade e boa-fé objetiva, Rogério Donnini[237] conclui no mesmo sentido:

> A ideia de solidariedade também guarda relação direta com a boa-fé objetiva (CC, art. 422, e CDC, art. 4º, III), uma vez que ambos os princípios não se coadunam com um comportamento individualista, que esteja distante da ideia de equilíbrio, equidade, proporção ou correção.

Dentro de nossa jurisprudência, o princípio da solidariedade por si ainda aparece de forma tímida para fins de reparação, estando mais associado aos processos que envolvem direito de família. No entanto, é um posicionamento que começa a mudar, a exemplo da decisão do TJSP que reconheceu o princípio da solidariedade como um *dever* a ser observado, condenando vizinho que se recusava a pagar contribuição pecuniária

[236] NANNI, Giovanni Ettori. Ob. cit., p. 297.

[237] DONNINI, Rogério. *Responsabilidade civil pós-contratual*. Ob. cit., p. 47.

para associação de bairro que cuidava dos interesses de todos os moradores das ruas adjacentes, sem que tivessem estabelecido vínculo contratual ou algum tipo de permissão ou autorização, cuja ementa é a seguinte:

> Cobrança. Prestação de serviços por parte de associação de moradores de loteamento. Local com portarias, veículos com radiotransmissor, conservação de vias públicas e jardinagem. Fornecimento de água deve ser excluído da verba pleiteada, uma vez que o imóvel do réu não possui construção e não consta consumo do produto. *No mais, deve prevalecer o princípio da solidariedade.* Enriquecimento sem causa não pode sobressair. Apelo provido em parte[238].

Esse tipo de decisão, calcada sobretudo no princípio da solidariedade entre particulares, ainda não é maioria em nossa jurisprudência, mas dentro do estudo do direito vem ganhando espaço, já que está intimamente relacionada com a boa-fé e com os deveres de consideração dela decorrentes.

Para Rosa Maria de Andrade Nery[239], é por meio do princípio da solidariedade que se deve buscar inspiração para a vocação social do direito, para a identificação do sentido prático do que seja funcionalização dos direitos e para a compreensão daquilo que se entende por parificação e pacificação social.

O princípio da solidariedade, segundo Maria Celina Bodin de Moraes, deve ser interpretado como um valor inerente a toda e qualquer sociedade, cuja noção de coexistência entre seus participantes leva a obrigação de não fazer aos outros o que não se deseja que lhe seja feito, em uma ideia de reciprocidade[240]. Assim, esse princípio constitui a condição necessária para que seja possível a pacífica e fecunda coexistência entre os indivíduos[241].

[238] TJSP, Apelação Cível com Revisão nº 304.085-4/8-00, Rel. Natan Zelinshi de Arruda, j. em 11-1-2007.

[239] Nery, Rosa Maria de Andrade. Apontamentos sobre o princípio da solidariedade no sistema de direito privado. *Revista de Direito Privado*, São Paulo, v. 17, p. 65-70.

[240] Bodin de Moraes, Maria Celina de. Princípio da solidariedade. In: Peixinho, Manoel Messias et al. (Org.). *Os princípios da Constituição de 1988*. Rio de Janeiro: Lumen Juris, 2001, p. 6.

[241] Rodotà, Stefano. *Il problema della responsabilità civile*. Milano: Giuffrè Editore, 1964, p. 95.

Anderson Schreiber destaca que a solidariedade contemporânea não é coletivista, mas humanitária, de forma que se dirige ao desenvolvimento da personalidade de todas as pessoas e não do grupo[242].

A aplicação do princípio constitucional da solidariedade dá-se em todas as relações jurídicas e acarreta a necessidade de o direito garantir uma existência livre e digna não apenas no aspecto físico, intelectual, espiritual e material, como ainda no aspecto negocial e econômico, sem a prevalência de interesses individuais, mas sim de inserção no meio social de sua convivência, e sua aplicação recai certamente no campo do direito das obrigações[243].

Outro princípio decorrente da dignidade da pessoa humana é o da justiça social, previsto no *caput* do art. 170 da Constituição Federal[244]. Esse princípio está ligado à igualdade e vinculado a uma política de justiça social. A relação entre esses princípios acontece na medida em que a igualdade preconizada na Constituição Federal no *caput* do art. 5º tem por objetivo realizar a dignidade do ser humano para que seja efetivada justamente a justiça social do art. 170, *caput*, da Carta Republicana, que, por sua vez, não existirá se em dada relação jurídica houver a ruptura dos deveres de consideração[245].

O conceito de justiça social apareceu pela primeira vez na Constituição brasileira de 1946, ligado ao conceito de equidade social, cuja ênfase reside justamente no respeito aos direitos humanos e ao desenvolvimento das classes menos favorecidas por meio de oportunidades. Muitos defendem que o alcance do conceito estivesse mais ligado aos preceitos da Igreja, de modo que a justiça social seja uma virtude que ordena para o bem comum todos os atos humanos exteriores, o que em outras palavras quer dizer que a afirmação constitucional orienta a ordem econômica justamente para aquele fim, ou seja, a concretização do bem comum[246].

[242] SCHREIBER, Anderson. *A proibição de comportamento contraditório:* tutela da confiança e venire contra factum proprium. Rio de Janeiro: Renovar, 2005, p. 50.

[243] NANNI, Giovanni Ettore. Ob. cit., p. 297.

[244] Art. 170 da CF: "A ordem econômica, fundada na valorização do trabalho humano e na livre iniciativa, tem por fim assegurar a todos existência digna, conforme os ditames da justiça social, observados os seguintes princípios".

[245] DONNINI, Rogério. *Responsabilidade civil pós-contratual.* Ob. cit., p. 175.

[246] FERREIRA FILHO, Manoel Gonçalves. *Curso de direito constitucional.* 23. ed. São Paulo: Saraiva, 1996, p. 308.

Segundo José Afonso da Silva, a Constituição de 1988 mostra-se ainda mais incisiva ao conceber a ordem econômica sujeita aos ditames da justiça social, justamente para assegurar a todos existência digna. Afirma o autor:

> Dá à justiça social um conteúdo preciso. Preordena alguns princípios da ordem econômica – a defesa do consumidor, a defesa do meio ambiente, a redução das desigualdades regionais e pessoais e a busca do pleno emprego – que possibilitam a compreensão de que o Capitalismo concebido há de humanizar-se (se é que isso seja possível) com a efetivação da justiça social[247].

Isso quer dizer que não é possível realizar justiça social em um sistema de base essencialmente individualista, em que predomine a liberdade de iniciativa e a autonomia da vontade de forma irrestrita, já que é o equilíbrio e a equidade que concretizam efetivamente o princípio da justiça social.

Portanto, tendo em vista que o sistema jurídico hoje é complexo e exige cada vez mais que haja diálogo entre todas as fontes de lei, tem-se que os deveres de consideração não decorrem exclusivamente da boa-fé objetiva positivada no Código Civil, mas podem também ser extraídos a partir da Constituição Federal, hoje de amplo alcance social e humano, especialmente pelos princípios da dignidade da pessoa humana, da solidariedade e da justiça social.

[247] Silva, José Afonso da. *Comentário contextual à Constituição*. 5. ed. São Paulo: Malheiros, 2008, p. 710.

7. Deveres de Consideração na Fase Pré-Contratual – *culpa in contrahendo*

O período de formação de um contrato é aquele marcado pela preparação, discussão entre as partes, tratativas diversas, que podem ser mais ou menos prolongadas, gerando progressivamente confiança nos envolvidos de que o negócio será concluído, embora gozem, nesse momento, de grande liberdade de decisão[248].

Ou seja, para a conclusão de um contrato, é necessário que as partes passem por um momento anterior de tratativas, de discussão, de engajamento, de negociação, de modo a amadurecer as ideias e objetivos comuns, o que culmina com a formação e a conclusão do contrato propriamente dito. Essa fase que antecede o pacto é chamada pré-contratual ou negocial[249].

Heinrich Stoll[250] defendeu que o momento inicial que marca a negociação preliminar é o da emissão da proposta ou convite para contratar. Essa posição, segundo Anna Del Fante, é criticada por parte considerável da doutrina sob o argumento de que não levaria em conta a diversidade das situações de fato, de forma que em certas ocasiões o mero convite

[248] Prata, Ana. Ob. cit., p. 16.

[249] Ou ainda pré-negocial, como é o caso de Carlyle Popp.

[250] Stoll, Heinrich. *Haftung für das Verhalten während der Vertragsverhandluugen*, 1923, p. 544 apud Benatti, Francesco. Ob. cit., p. 30.

inicial para contratar pode ser insuficiente para gerar de imediato uma relação a ser protegida[251].

Menezes Cordeiro, por sua vez, conclui que a fase das negociações vai desde a primeira abordagem entre as partes, com intenção de contratar, até a emissão da proposta contratual[252]. Para Karl Larenz, essa fase tem início quando a contraparte consente, ou seja, quando demonstra interesse pela oferta ou pelo convite para negociar e quer sobre isso melhor informar-se do negócio[253].

Rômolo Russo Jr. enfrenta esse tema ao concluir não ser possível fixar um parâmetro objetivo em relação à confiança despertada nas partes (momento), sendo tarefa delicada a verificação do grau e da extensão dos contatos iniciais como real tratativa para contratação ou como simples checagem para colheita de informações, o que será possível aferir somente diante do caso concreto[254]. Esse mesmo autor menciona as observações de Récio Eduardo Cappelari[255], que a partir da doutrina de Renato Speciale, comenta:

> O direito alemão cuidou como ninguém do pré-contrato e o tipificou como *vorvertrag* e, segundo a formulação célebre de DEGENKOLB, a obrigação derivante do contrato preliminar será o encontro das declarações de vontade de se completar reciprocamente sobre um itinerário determinado. Para o BGB o *Vorvertrag* é considerado promessa obrigatória, todavia para outros ordenamentos a promessa só adquire eficácia quando conter todos os elementos do futuro contrato, por exemplo, na França e na Itália, pelo exame da causa e no direito anglo-americano, pela necessidade de consideração.

[251] Del Fante, Anna. *Buona fede prenegoziale e principio costituzionale di solidarietà.* in Rass. Dir. Civ., 1983., p. 131.

[252] Cordeiro, António Manuel da Rocha e Menezes. *Da boa-fé no direito civil.* Ob. cit., p. 564-565.

[253] Larenz, Karl. *Allgemeiner Teil.* p. 595-596 apud Fritz, Karina Cristina Nunes. Ob. cit., p. 48.

[254] Russo Jr., Rômolo. Ob. cit., p. 36.

[255] Cappelari, Recio Eduardo. *Responsabilidade pré-contratual, aplicabilidade ao direito brasileiro.* Porto Alegre: Livraria do Advogado Editora, 1995, p. 61 apud Russo Jr., Rômolo. Ob. cit. p. 16.

Tem-se assim que o lapso temporal que envolve as negociações preliminares poderá variar segundo cada caso concreto, mas, por via de regra, vai iniciar-se quando houver uma demonstração clara de contato entre as partes com intenção de fechar o contrato, mais do que mera sondagem, fortalecendo a confiança e a expectativa de contratação até a conclusão efetiva da avença.

A fase pré-contratual não se confunde com o contrato preliminar ou pré-contrato, já que naquela ainda não existe uma obrigatoriedade de vinculação, não obstante as partes estejam engajadas para tal fim, enquanto o contrato preliminar já se afigura sob o prisma contratual propriamente dito, com todos os requisitos essenciais do contrato a ser celebrado. Sílvio de Salvo Venosa[256] explica:

> [...] Todavia, quando falamos de responsabilidade pré-contratual, esta decorre justamente de danos causados na fase de negociações, fora do contrato, indenizáveis sob a égide do artigo 186 [...]. Na esfera dos negócios mais complexos, é comum que as partes teçam considerações prévias, ou firmem até mesmo um protocolo de intenções, mas nessas tratativas preliminares ainda não existem os elementos essenciais de um contrato [...]. Gozando o pré-contrato de todos os requisitos de um contrato, seu inadimplemento é examinado sob o prisma contratual. O contrato preliminar estampa uma fase da contratação, porque as partes querem um contrato, mas não querem que todos os seus efeitos operem de imediato. Como negócio jurídico, porém, goza de autonomia. Enfatizamos que a figura ora estudada afasta-se das negociações preliminares referidas, estampadas por simples manifestações sem caráter vinculativo.

Para Mário Júlio de Almeida Costa, os contratos preliminares não se ligam com o problema da responsabilidade civil pré-contratual, inerente ao período de formação dos contratos, já que sua afronta gera violação positiva do contrato, responsabilidade própria, diferentemente das negociações preliminares sem garantia contratual específica[257].

Para as partes firmarem um contrato preliminar, que possui requisitos essenciais próprios, também é provável que tenham passado antecipadamente pelas tratativas iniciais, negociação, discussão, troca de infor-

[256] Venosa, Sílvio de Salvo. *Direito civil*. 3. ed. São Paulo: Atlas, 2003, p. 421.
[257] Costa, Mário Júlio de Almeida. Ob. cit., p. 46-47.

mações, essas sim ligadas à responsabilidade por violação de deveres de consideração.

Assim, quando as partes estão negociando dada contratação, seja de forma verbal, seja escrita, agindo de modo a gerar confiança uma na outra de que o pacto será concretizado, é como se subordinassem imediatamente à boa-fé e assumissem uma obrigação implícita de prosseguir, de modo que abandonar ou desistir da negociação causando prejuízo ao outro acarretaria responsabilidade civil pré-contratual ou pré-negocial[258], a chamada *culpa in contrahendo.*

A origem remota da *culpa in contrahendo*, segundo Ana Prata[259], ao citar Francesco Benatti, deu-se no direito romano, a partir de um texto de Cícero, que narra a história de um cidadão romano chamado Canio que desejava comprar uma casa de veraneio em Siracusa. Pizio, morador da região, sabendo desse desejo e sendo morador de uma casa próxima ao mar, convida Canio para um jantar, combinando com os pescadores locais que nessa noite lhe servissem fartamente peixes, como se tal comportamento fosse rotineiro, por serem as aguas férteis, de fácil acesso etc. Simula certa resistência na negociação até concretizar o negócio por valor elevado. Essa seria uma hipótese restrita de tutela pelo direito romano por uma conduta pré-negocial, decorrente de uma conduta dolosa que viesse a exagerar as qualidades da coisa.

Complementa em nota Rogério Donnini que, além do exagero nas qualidades da coisa ou dos defeitos ocultos, que caracterizariam ambos conduta dolosa ou culposa da parte, Francesco Benatti ainda preleciona que a responsabilidade pré-contratual romana também ocorreria nos casos de impossibilidade originária da prestação[260].

Citando Benatti, Mário Júlio de Almeida Costa explica que a tutela conferida pelo direito romano ao lesado na fase pré-contratual era limitada, e que naquele direito clássico somente se concebia sanção para o *dolus in contrahendo* por meio da *actio doli*, enquanto no período justiniano

[258] Almeida Costa afirma que a expressão mais rigorosa e preferida pelos autores será a de *responsabilidade pré-negocial*, o que se justifica pela circunstância de os contratos constituírem o domínio de eleição dessa figura jurídica (ob. cit., p. 301, nota 4).

[259] Prata, Ana. Ob. cit., p. 7.

[260] Benatti, Francesco. Ob. cit., p. 46 apud Donnini, Rogério. *Responsabilidade civil pós-contratual.* Ob. cit., p. 90, nota 197.

admitia-se a *actio ex contractu* como responsabilidade em decorrência de uma conduta incorreta durante a fase pré-negocial.

Citado por Benatti, Heldrich[261] sugere que os bizantinos já se encontravam convencidos da necessidade da regra da boa-fé contratual no período pré-contratual, mas que, dominados pelo sistema clássico da tipicidade das tutelas jurídicas, não vislumbravam outra proteção a não ser a ação pelo correspondente contrato, mesmo ainda não formado.

Já a origem moderna do instituto aconteceu na Alemanha com Rudolf von Jhering, que sistematizou a *culpa in contrahendo* em 1861, muito embora existam algumas referências à responsabilidade daquele que causasse a invalidade de um contrato, especialmente por erro ou dolo, em alguns autores dos séculos XVIII e XIX, tais como Pothier e Domat[262]. De qualquer forma, a expressão *culpa in contrahendo* originária é devida a Jhering, primeiro autor que encarou com extensão e profundidade o problema da responsabilidade nas negociações e na formação do contrato[263].

Jhering, preocupado com a questão da autonomia da vontade – cujo maior representante é Savigny –, segundo a qual a declaração de vontade é preterida pela própria vontade (psicológica), quando existir divergência[264], debruçou-se sobre a teoria da *culpa in contrahendo* decorrente de contrato nulo ou não chegado à perfeição, analisando a fundamentação da teoria segundo a capacidade do sujeito, a idoneidade do objeto e a fiabilidade da comunicação da vontade[265].

Isso porque, segundo explica Ana Prata, Jhering se sensibilizou com a injustiça que se acometia quando uma parte confiava genuinamente na declaração de vontade da outra e depois se deparava com a invalidade do contrato por erro, ou porque o objeto não era idôneo, ou por impossibilidade objetiva. Daí seu estudo por uma solução a esses problemas[266].

Rogério Donnini, comentando a proposta de estudo de Jhering acerca da responsabilidade pré-contratual, disciplina que poderia advir responsabilidade para uma das partes a partir de um contrato nulo, quando um

[261] Heldrich apud Benatti, Francesco. Ob. cit., p. 11-12.

[262] Prata, Ana. Ob. cit., p. 8 e 9.

[263] Costa, Mário Júlio de Almeida. Ob. cit., p. 301.

[264] Prata, Ana. Ob. cit., p. 9.

[265] Jhering, Rudolf Von. *Culpa in contrahendo ou indenização em contratos nulos ou não chegados à perfeição*. Tradução Paulo Mota Pinto. Coimbra: Almedina, 2008.

[266] Prata, Ana. Ob. cit., p. 10.

dos contratantes não fornecesse as condições necessárias para a validade da avença, induzindo em erro o outro contratante[267].

Carlo Castronovo pondera, concluindo que a posição de Jhering revelou um estudo inicial da *culpa in contrahendo*, destoado de uma pretensão de exaurimento das premissas técnicas de cominação do instituto, razão pela qual as críticas devem ser comedidas[268].

Para Carlyle Popp, Jhering propôs seu estudo sob o prisma da tutela da confiança da contraparte na validade do contrato, mas que, para muitos autores, a exemplo de Larenz[269], deixou sua sistematização limitada, já que o fundamento central estaria no comportamento da parte, o que segundo aquele autor foi sendo superado doutrinária e jurisprudencialmente com o passar dos anos[270].

Essa superação teve início quando a doutrina passou a se debruçar sobre a possibilidade legal de retratação de uma proposta contratual e eventual responsabilização se a revogação acontecesse após ter sido a proposta emitida e recebida pela contraparte, que, ao aceitar, viesse a sofrer prejuízos pela não conclusão do contrato.

Assim, a responsabilidade pré-contratual por rompimento das negociações foi tratada pela primeira vez por Gabrielle Faggella[271], que, em estudo publicado em Napoli em 1906, considerava injusto e arbitrário o abandono das negociações, tendo Ana Prata[272] explicado o seguinte:

> A arbitrariedade da ruptura não dependeria da verificação de culpa por parte do negociador que a efetivava, bem podendo subjetivamente justificativo dela: assim, por exemplo, quando a ruptura tivesse resultado da disponibilidade de um terceiro para celebrar o contrato, tendo a parte preterido, em razão das maiores garantias que esse sujeito oferecia, concluí-lo com ele. Desde que, porém, a razão da desistência não se consubstanciasse numa irredutível divergência quanto ao conteúdo clausular do

[267] DONNINI, Rogério. *Responsabilidade civil pós-contratual*. Ob. cit., p. 47.

[268] CASTRONOVO, CARLO. *La nuova responsabilità civile*. 3. ed. Milano: Giuffrè, 2006, p. 459.

[269] LARENZ, Karl. *Metodologia da ciência do direito*. Tradução José Lamego, 3ª ed., Lisboa: Fundação Calouste Gulbenkian, 1997, p. 602.

[270] POPP, Carlyle. Ob. cit., p. 100.

[271] FAGGELLA, Gabrielle. Dei periodi precontrattuale e della loro vera ed esatta costruzione scientific. *Studi giuridici in onore di Carlo Fradda*. 1906, t. 3, p. 271 e s.

[272] PRATA, Ana. Ob. cit., p. 14.

contrato, a ruptura deveria, segundo Faggella, considerar-se arbitrária, senão arbitrária em absoluto, pelo menos arbitrária relativamente à contraparte, o que bastaria para fundar a obrigação de indenizar.

Não há unanimidade até hoje no que se refere ao tema da responsabilidade pré-contratual especificamente por rompimento das negociações, já que ordenamentos como o francês e o italiano não preveem qualquer obstáculo legal à revogação de proposta contratual[273].

O fato é que a teoria da *culpa in contrahendo* iniciada com os trabalhos de Jhering e Faggella seguiu por várias etapas, correspondentes a outras tantas construções, que buscaram, sobretudo no direito alemão, definir seu fundamento, seus respectivos contornos e alcance.

Não obstante o Código Civil alemão (BGB), editado em 1896, com vigência a partir de 1900, tenha marcado definitivamente o direito em todo o ocidente, não trouxe expressamente um dispositivo que tratasse da *culpa in contrahendo* desenvolvida por Jhering. Entretanto, diversos dispositivos daquele Código permitiram a aplicação da responsabilidade pré-contratual no trato da vida civil[274], além do próprio § 242, que consagra a boa-fé.

Após as alterações trazidas pela Lei de Modernização do Direito das Obrigações no Código Civil alemão em 2002, a *culpa in contrahendo* passou a estar prevista de forma expressa nos §§ 241, II e 311, II e III do BGB[275], que disciplinam justamente as obrigações nas fases anteriores à conclusão do contrato, lembrando, no entanto, que o direito à indenização daí resultante está expresso no § 280, I do mesmo código.

Larenz defende a ideia de que a fonte da responsabilidade pré-contratual não está fundamentada na confiança surgida entre as partes em

[273] Ibidem, p. 12. O Código Civil francês não afirma expressamente a possibilidade de revogação da proposta contratual, mas decorre da própria exaltação da liberdade da vontade. O Código Civil italiano dispõe expressamente no art. 1.328 que a proposta pode ser revogada até que o contrato seja concluído, cabendo indenização apenas se a contraparte, de boa-fé, iniciou a execução do contrato antes de ter conhecimento da revogação da proposta.

[274] Popp, Carlyle. Ob. cit., p. 164. Cita esse autor que os §§ 122, 149, 179, 307, 309, 463 e 663 dão supedâneo à aplicação positiva da *culpa in contrahendo* no direito alemão.

[275] Canaris, Claus-Wilhelm. *La riforma del diritto tedesco delle obbligazioni:* contenuti fondamentali e profili sistematici Del Gesetz zur Modernizierung dês Schuldrechts. Tradução Giovanni de Cristofato. Padova: CEDAM, 2003, p. 26.

decorrência das tratativas iniciais estabelecidas, mas no próprio contato social – teoria pioneiramente desenvolvida por Dölle e Blomeyer – iniciado com a entrada do consumidor no estabelecimento comercial, o que não se confunde com a responsabilidade delitual, essa sim fundada no dever genérico de não lesar ligada ao trato social da vida – *neminem laedere*[276].

Larenz, ao comentar o famoso caso dos tapetes de linóleo, já abordado nesta obra quando se tratou do dever de proteção, enfatiza que o *Reichsgericht* viu no pedido de exposição dos tapetes feito pela senhora uma relação jurídica preparatória de compra, a qual tem caráter semelhante ao contrato e nisso geraram vinculações de natureza jurídico-negociais. Mas destaca sua opinião de que não vê no pedido da senhora a caracterização da vinculação negocial, já que, a seu ver, haveria responsabilidade ainda que os rolos de tapete caíssem sobre outra pessoa que não tivesse feito qualquer pedido, mas que estivesse no local com intenção, mesmo que eventual, de contato negocial.

Para o mestre alemão, não teria a menor importância se as negociações conduziriam ou não ao fechamento do contrato, embora ressalte que deverá existir no contato social ao menos uma suposição de que haveria um contato negocial e não simples tráfego social, como, por exemplo, alguém que entre em um local com o objetivo de ver uma pessoa famosa fazendo compras.

Adolfo di Majo Giaquinto enfrenta essa questão para concluir justamente que os deveres específicos de lealdade, confiança e cooperação somente fazem sentido se diante de um liame obrigacional específico e não de incidência *erga omnes*, ou seja, decorreriam do próprio contato social que evolui para a aproximação das partes[277].

Almeida Costa afirma que para sistematizar e pormenorizar os deveres dos negociadores, decorrentes da boa-fé, utiliza-se frequentemente a fórmula baseada na construção de Hildebrandt[278], que se adapta ao conceito de relação jurídica pré-negocial ou de relação de negociações

[276] LARENZ, Karl. *Culpa in contrahendo*, dever de segurança no tráfico e "contato social". Tradução Karina Nunes Fritz. *Revista de Direito Privado*, n. 34, abr.-jun. 2008, p. 343-352.

[277] GIAQUINTO, Adolfo Di Majo. Ob. cit., p. 206.

[278] HILDEBRANDT. *Erklärungshaftung*. Ein Beitrag zum system des bürgerlichen rechtes, Berlin/Leipzig, 1931, § 12, p. 160 e ss. apud COSTA, Mário Júlio de Almeida. Ob. cit., p. 302, nota 2.

– *Verhandlungsverhältnis* – da doutrina e da jurisprudência alemãs, de onde decorrem duas correntes: a de maior audiência situa a relação pré-negocial em puros deveres de declaração – *Erkärungspflichten* –, que compreendem o dever de informar sobre fatos essenciais para a formação da vontade contratual da outra parte e o dever de verdade; a outra corrente acomoda uma posição mais ampla, abrangendo, além dos deveres de declaração, ainda, os deveres de cuidado e conservação, pelo que tutela não apenas a confiança das partes na formação do negócio, mas também os respectivos patrimônios e integridade física enquanto envolvidos no *iter* negocial[279].

A crescente complexidade das técnicas de gestão comercial e dos meios de comunicação contribuíram para a dissipação do instituto por diversos ordenamentos jurídicos[280].

O Código Civil italiano (*Codice Civile*) de 1942 trouxe a previsão da responsabilidade pré-contratual no art. 1337º, que expressamente estatui: "Trattative e responsabilità precontrattuale. – Le parti, nello svolgimento delle trattative e nella formazione del contratto, devono comportarsi secondo buona fede"[281].

Reportando-se a esse dispositivo, Alberto Trabucchi alude que o comportamento escorreito deve nortear todo o campo das obrigações, desde o momento das tratativas até a formação do contrato, afirmando ainda que a violação da boa-fé e responsabilidade são conceitos coligados que culminam na aplicação da teoria da *culpa in contrahendo* pela doutrina e jurisprudência italianas[282], mesmo posicionamento defendido por Francesco Messineo[283].

A doutrina italiana ainda faz uma distinção entre as negociações propriamente ditas e os contatos preliminares, conceituando que aquelas são marcadas pela bilateralidade, enquanto estes compreendem mera sondagem, declarações de disposição de negociar, elogio comercial das mercadorias próprias, mas que não implicam contatos intersubjetivos

[279] Costa, Mário Júlio de Almeida. Ob. cit., p. 302-303, nota 2.

[280] Ibidem, p. 300.

[281] Tradução livre: "Tratativas e responsabilidades pré-contratuais – As partes, no desenvolvimento das tratativas e na formação do contrato, devem se comportar segundo a boa-fé".

[282] Trabucchi, Alberto. *Instituzioni di diritto civile*. 39. ed. Padova: CEDAM, 1999, p. 656-657.

[283] Messineo, Francesco. *Dottrina generale del contratto*. Milano: Giuffrè Editore, 1948.

para a conclusão de um contrato[284]. Essa distinção, segundo Ana Prata, permitiria "estabelecer o início da aplicabilidade do art. 1337º do Código Civil italiano, pois, antes de haver negociações em sentido próprio, não se exigiria aos sujeitos senão o acatamento do princípio do *neminem laedere*, fundamento da responsabilidade delitual"[285].

Na França, a teoria foi desenvolvida com destaque por Raymond Saleilles[286], porém o fundamento da *culpa in contrahendo* nesse país, conforme explica Rogério Donnini, citando Véra Jacob de Fradera, foi a partir da figura do abuso de direito, admitindo responsabilização civil por ruptura imotivada das negociações com prejuízos a uma das partes, a partir da figura da *perda de uma chance*[287].

Prossegue o autor mencionando que o Código Civil francês (*Code Napoléon*) de 1804 acomoda a teoria da responsabilidade pré-contratual em diversos dispositivos, a exemplo dos arts. 1134, 1135, 1382, 1383, que tratam de temas como equidade, aplicação dos usos, boa-fé e abuso de direito nas relações particulares[288]. Jacques Ghestin prossegue essa linha de raciocínio concluindo que o período pré-contratual não poderia restar sem incidência de responsabilidade, porquanto existem fatos suscetíveis de viciar o consentimento que une as partes[289].

O Código Civil holandês, já de 1992, não contém previsão expressa da responsabilidade pré-contratual como fonte de responsabilidade civil, tendo preferido a legislação daquele país deixar a matéria aberta à evolução da jurisprudência, com apelo à boa-fé e aos consequentes deveres de informação e correção que antecedem a conclusão do contrato[290].

Diferente situação ocorreu em Portugal, em que a teoria da *culpa in contrahendo* foi largamente difundida por Carlos Alberto da Mota Pinto na década de 1960, de modo que o Código Civil português, de 1966, dis-

[284] Del Fante, Anna. Ob. cit., p.129-130.

[285] Prata, Ana. Ob. cit., p. 42.

[286] Saleilles, Raymond. De la responsabilité précontratuelle. *Revue Trimestrielle de Droit Civil*, Paris: Sirey, n. 72, p. 697-751, 1974.

[287] Donnini, Rogério. *Responsabilidade civil pós-contratual*. Ob. cit., p .49.

[288] Idem.

[289] Ghestin, Jacques. *Traité de droit civil*. 3ª ed. Paris: LGDJ, 1994, p. 293.

[290] Ioriatti, Elena. Il nuovo codice civile dei Paesi Bassi fra soluzioni originali e circolazione dei modelli. *Rivista di Diritto Civile*, ano 38, n. 1, p. 117 e seguintes apud Costa, Mário Júlio de Almeida. Ob. cit., p. 305, nota 2.

ciplinou no art. 227: "Quem negocia com outrem para conclusão de um contrato deve, tanto nas preliminares como na formação dele, proceder segundo as regras da boa-fé, sob pena de responder pelos danos que culposamente causar à outra parte", embora a sua consagração no Código Civil português não tenha sido, segundo Dieter Medicus, uma inovação propriamente dita, apenas tornando indiscutível a acomodação da teoria no direito daquele país[291].

Ao consultar o *site* do Supremo Tribunal de Justiça de Portugal[292], é possível perceber que a aplicação atual da teoria da responsabilidade pré-contratual é amplíssima, existindo diversos julgamentos sobre esse tema, e sempre ligados à violação dos deveres de consideração, sintetizados naquele país por António Menezes Cordeiro a partir da informação, lealdade e proteção, como já abordado em capítulo anterior.

No Brasil, a teoria da responsabilidade pré-contratual não encontrava guarida no Código Civil de 1916, já que a visão liberal que influenciou por anos a legislação brasileira jamais poderia aceitar obrigações não escritas, não pactuadas, de forma que nesse caso estaríamos diante de uma violação à liberdade de contratar das partes, à autonomia privada. Os críticos da teoria da *culpa in contrahendo* não eram poucos, contando com grandes juristas do porte de Moreira Alves[293], J. M. Carvalho Santos[294], Carvalho de Mendonça[295], que argumentavam sempre preocupados com a questão da liberdade contratual e do caráter provisório das negociações.

Mas o fato é que essa preocupação com liberdade contratual, de índole individualista, não condizia mais com a realidade social, de maneira que o rompimento de negociações preliminares com prejuízo à contraparte não poderia mais ser entendido dessa forma, já que a liberdade contratual não se apresentaria mais ao ordenamento de forma ilimitada.

[291] MEDICUS, Dieter. *Culpa in contrahendo*. Tradução italiana Maria Rosaria Marella. *Rivista critica del diritto privato*, ano II, n. 3, 1984, p. 574-6.

[292] Disponível em: <http://www.stj.pt/>. Acesso em: 9 janeiro 2014.

[293] ALVES, José Carlos Moreira. A boa-fé objetiva no sistema contratual brasileiro. *Rivista de Diritto dell'Integrazione e Unificazione de Diritto in Europa e in America Latina*, Roma e America, n. 7, p. 198, 1999.

[294] SANTOS, J. M. Carvalho. *Código Civil brasileiro interpretado*. Rio de Janeiro: Carvino Filho, 1936, v. 16, p. 57.

[295] MENDONÇA, J. X. Carvalho de. *Tratado de direito comercial brasileiro*. 4. ed. Rio de Janeiro, 1947, v. 6, p. 488.

Com isso, em 1959, Antonio Chaves lançou obra específica acerca do tema, defendendo a ideia de que a parte fica obrigada a reparar prejuízos causados à outra parte quando abandonar, por sua conveniência, negociações que já se iniciaram, sem motivo justificado[296].

Também Pontes de Miranda[297] já enfatizava a importância da tutela da confiança no âmbito das tratativas antes mesmo da incorporação legislativa, ensinando o seguinte:

> [...] o que em verdade se passa é que todos os homens têm de portar-se com honestidade e lealdade, conforme os usos do tráfico, pois daí resultam relações jurídicas de confiança, e não só relações morais. O contrato não se elabora a súbitas, de modo que só importe a conclusão, e a conclusão mesma supõe que cada figurante conheça o que se vai receber ou o que vai dar. Quem se dirige a outrem, ou invita outrem a oferecer, expõe ao público, capta a confiança indispensável aos tratos preliminares e à conclusão do contrato.

No mesmo sentido, Orlando Gomes[298] argumentava: "se um dos interessados, por sua atitude, cria para o outro a expectativa de contratar, obrigando-o, inclusive, a fazer despesas, sem qualquer motivo, põe termo às negociações, o outro terá o direito de ser ressarcido dos danos que sofreu".

Assim, apesar da resistência havida no Brasil, outros grandes juristas passaram a admitir a *culpa in contrahendo*, influenciando a própria jurisprudência, que passou a aplicar, ainda que de forma tímida, a teoria em questão, até que em 2002, com a edição do Código Civil, não haveria mais dúvidas, a partir da redação do art. 422, que estatuiu: "Os contratantes são obrigados a guardar, assim na conclusão do contrato, como em sua execução, os princípios de probidade e boa-fé".

A despeito de o art. 422 do Código Civil mencionar a observância da boa-fé e da probidade na conclusão e execução do contrato, é inegável que se estende à fase de formação, tendo Régis Fichtner Pereira explicado que essa omissão não é motivo para que fosse negada a responsa-

[296] Chaves, Antonio. *Responsabilidade pré-contratual.* 2. ed. São Paulo: Lejus, 1997, p. 246.
[297] Pontes de Miranda, Francisco Cavalcanti. Ob. cit., p. 259.
[298] Gomes, Orlando. *Obrigações.* 10ª ed. Rio de Janeiro: Forense, 1995, p. 131.

bilidade pré-contratual, tendo em vista que o próprio Código dispõe de regra geral de responsabilidade civil[299].

Isso quer dizer que hoje a teoria está assentada pela doutrina e pela jurisprudência brasileira, de modo que os princípios da probidade e da boa-fé, de onde decorrem os deveres de consideração tratados neste livro, deverão estar presentes tanto na fase contratual como também naquela que a antecede.

Judith Martins-Costa defende que haverá a caracterização da responsabilidade pré-contratual sempre que o comportamento das partes na fase das tratativas induzir confiança na outra de que o negócio será firmado, ou, ainda, se for omitida informação relevante para a decisão da contraparte com relação ao negócio jurídico, ou, também, quando se deixa de mencionar circunstâncias que acabariam forçosamente por produzir a invalidade de contratar[300].

Em resumo, a responsabilidade pré-contratual, portanto, restará caracterizada em situações de invalidade ou nulidade do contrato (base da teoria sistematizada por Jhering), casos de revogação de proposta já formulada, ou, ainda, rompimento e abandono injustificado das negociações quando as partes já haviam gerado confiança suficiente uma na outra de que o contrato seria firmado, causando prejuízos.

Acerca dos exemplos práticos, é de notar que a aplicação da *culpa in contrahendo* sempre pressupõe violação aos deveres de consideração, seja lealdade, informação, proteção, sigilo, independentemente de qual for o ordenamento.

Em Portugal, o Supremo Tribunal de Justiça julgou, em 2012, um caso interessante, no qual uma mulher, que tinha em mente a futura criação de um espaço para venda de flores secas e outros artigos de decoração manual, iniciou aulas de aprendizagem de artes decorativas ministradas por outra mulher, ré na ação. Com o tempo, entre a autora e a ré foi-se desenvolvendo uma amizade assente no gosto e interesse pelas artes decorativas, passando, a pedido da ré, a auxiliá-la na execução das montras e na ajuda da escolha de materiais com os fornecedores, começando,

[299] Pereira, Régis Fichtner. *A responsabilidade pré-contratual:* teoria geral e responsabilidade pela ruptura das negociações contratuais. Rio de Janeiro-São Paulo: Renovar, 2001, p. 194.

[300] Martins-Costa, Judith. *A boa-fé no direito privado:* sistema e tópica no processo obrigacional. Ob. cit., p. 486.

nesse contexto, a planejar a criação de uma sociedade, atendendo aos anseios da autora e à necessidade de um novo espaço da ré.

Realizaram reuniões e decidiram pelo local, fizeram diversos estudos para a decoração do interior da loja, tomaram providências para o desenvolvimento da imagem corporativa, encomendaram materiais para as obras e executaram-nas, realizaram trabalhos de estudo e tratamento de imagem da loja, criaram cartazes, folhetos publicitários e cartões de visita, etiquetas de identificação dos produtos e página na internet, criaram o logotipo para a loja, sempre de forma conjunta ou muitas vezes com decisão exclusiva da própria autora.

Entretanto, no momento da locação, o contrato foi assinado apenas entre pelo locador e pela ré, que passou a protelar a constituição da sociedade com a autora. Fizeram a mudança para a nova loja e, após a abertura desta, a ré passou a comportar-se como única dona, tratando a autora como empregada.

A sentença de primeiro grau julgou improcedente o pedido da autora em face da ré, entendendo que não houve efetivamente negociações tendentes à constituição de sociedade. O Tribunal de Lisboa, no entanto, reformou a sentença condenando a ré a indenizar a autora por danos patrimoniais e morais, tendo em vista a violação de vários deveres acessórios, especialmente da lealdade, responsabilizando-a por *culpa in contrahendo.*

A indenização civil decorrente da teoria da *culpa in contrahendo* pressupõe, além da justa expectativa de que o negócio seria concluído, que uma das partes também tenha sofrido efetivo prejuízo com o rompimento das negociações.

Esse entendimento foi acolhido por reiteradas decisões do Superior Tribunal de Justiça brasileiro[301], a exemplo de um julgado recente, proferido em fevereiro de 2013, quando um candidato a revendedor de marca de luxo estrangeira (BMW) teve relevantes prejuízos materiais durante as tratativas negociais com a montadora, que gerou justa confiança de que o contrato seria concluído e depois rompeu imotivadamente as negociações. Naquele julgamento, a Corte brasileira determinou:

> Ao que se tem dos autos, a recorrida, instada pela BMW, afirmou sua intenção de vir a contratar, adiantando, nessa oportunidade, os documentos

[301] STJ, REsp nº 1.051.065/AM, Rel. Min. Ricardo Villas Bôas Cueva, *DJE* de 27-2-2013.

> exigidos para a formalização do contrato definitivo, inclusive o depósito prévio. Concluiu-se, portanto, que a partir daí surgiu a responsabilidade pré-negocial, ou seja, da fase preliminar do contrato, tema oriundo da conhecida *culpa in contrahendo*.
> [...]
> Na espécie, a responsabilidade pré-contratual discutida não decorre do fato de a tratativa ter sido rompida e o contrato não ter sido concluído, mas do fato de uma das partes ter gerado à outra, além da expectativa legítima de que o contrato seria concluído, efetivo prejuízo material.
> [...]
> Ao que se tem, portanto, diante do quadro fático soberanamente analisado pelas instâncias ordinárias, restaram comprovados: o consentimento prévio mútuo, a afronta à boa-fé objetiva com o rompimento ilegítimo das tratativas, o prejuízo e a relação de causalidadc entre a ruptura das tratativas e o dano sofrido.

A questão do prejuízo se apresenta como requisito da reparação civil decorrente da teoria da *culpa in contrahendo*, de modo que o TJSP tem pontuado que somente interesses negativos é que deverão ser indenizados, diferentemente dos interesses positivos, que, se indenizados, colocariam o prejudicado em posição eventualmente até mais vantajosa do que aquela que existiria se o contrato tivesse realmente sido celebrado. O raciocínio que cerca esse entendimento ficou claro em julgamento realizado pelo Tribunal em outubro de 2010 em caso que envolvia uma famosa marca de cosméticos e uma pretensa loja franqueada[302].

No caso apreciado pela justiça brasileira, a autora, candidata a loja franqueada, já se encontrava com as negociações avançadas, discutindo estratégias com o departamento de arquitetura; realizou reformas, estratégias comerciais, o que lhe gerou legítima confiança de que o negócio seria concluído, fazendo com que firmasse contrato de locação com terceiro para instalação da loja, fizesse pagamentos diversos em dinheiro etc., quando foi surpreendida com a ruptura das negociações e abandono por parte da franqueadora, que passou a não ter mais interesse na contratação.

[302] TJSP, Ap. nº 0166582-35.2010.8.26.0100, São Paulo, 1ª Câmara Reservada de Direito Empresarial, Rel. Des. Francisco Loureiro, j. em 10-10-2013.

A ré franqueadora foi condenada em primeira instância a indenizar a autora por danos patrimoniais de engenharia civil, multa contratual e perda de uma chance, afastando o dano extrapatrimonial, tudo sob o fundamento da teoria da *culpa in contrahendo*.

Sem afastar a aplicação da teoria, o TJSP modificou a sentença de piso no que comporta a composição das perdas e danos, entendendo que somente interesses negativos é que devem ser indenizados, sendo esses interesses aquilo que se gastou por conta e em razão do contrato que, ao final, não foi celebrado.

Já os interesses positivos, que adviriam da concretização do contrato de franquia em questão, não são passíveis de indenização, já que sua perspectiva é de colocar o lesado na mesma situação em que se encontraria se o contrato tivesse sido celebrado, o que não ocorreu. O que efetivamente restou frustrado foi a expectativa na conclusão do contrato, não sendo possível indenizar as vantagens que o contrato traria à parte prejudicada, sob pena de colocá-lo em uma posição mais vantajosa, já que receberia lucros cessantes, mas teria simultaneamente reembolsados os gastos com a instalação da loja.

Assim, não obstante o rompimento inesperado e injustificado das negociações enseje a obrigação de indenizar, o fato é que não será por inadimplemento, mas sim em virtude da violação de deveres de lealdade, de transparência e de cooperação que regem todos os atos negociais, mesmo na fase das tratativas preliminares.

Exatamente nesse sentido é a lição de Manuel António de Castro Portugal Carneiro de Frada, que explica serem passíveis de ressarcimento os prejuízos derivados de a contraparte ter confiado na celebração do contrato (dano de confiança) e não aqueles eventualmente produzidos em caso de efetiva celebração da avença[303].

Carlyle Popp defende que tendo em vista a confiança que uma das partes depositou no negócio, dependendo do estágio e da situação do abandono das negociações pela contraparte, o prejudicado poderia até mesmo exigir a celebração do contrato, em uma verdadeira obrigação de fazer, como se o negócio jurídico já integrasse a esfera jurídica das partes[304]. Não é o entendimento de Larenz, que defende não existir um

[303] Frada, Manuel António de Castro Portugal Carneiro da. Ob. cit., p. 520.
[304] Popp, Carlyle. Ob. cit., p. 232.

dever de concluir o contrato, mas sim requerer indenização pelo dano da confiança, ou seja, indenização pelos gastos e prejuízos que não teria a parte sofrido em decorrência da conduta desleal da outra[305], posição esta majoritária na doutrina e reforçada categoricamente por Almeida Costa[306]:

> Constitui atualmente opinião comum que da ruptura das negociações preparatórias pode resultar a obrigação de indemnização dos danos ocasionados à contraparte. Assim como não se oferecem dúvidas quanto a não surgir durante a fase negociatória uma absoluta obrigação de celebração do contrato, quer dizer, sobre a existência de uma radical impossibilidade de ruptura, inclusive trazida em execução específica.

A violação dos deveres de consideração está intimamente ligada com a questão da *culpa in contrahendo,* já que na fase das tratativas negociais, quando as partes ainda não estão vinculadas por contrato, basta que se portem de maneira ética, escorreita, honesta, prestigiando o dever de lealdade, de informação, de sigilo e de proteção, em nome da própria confiança depositada pela contraparte. É o que conclui Carlos Alberto da Mota Pinto[307]:

> A responsabilidade pré-contratual resulta da infração de deveres de consideração pela confiança da outra parte, surgidos entre os intervenientes em negociações contratuais. Resultam esses deveres especiais, não decerto duma manifestação negocial específica, mas do comando da boa-fé, como princípio geral do tráfico, aplicável, logo, ao contacto negocial preparatório.

Para Peter Westermann[308], o tema da *culpa in contrahendo* trata de um conjunto de obrigações decorrentes do simples fato de se estabelecerem negociações contratuais, até porque, conforme defende Larenz[309], a boa-

[305] LARENZ, Karl. *Allgemeiner Teil des Burgerlichen Rechs.* Ob. cit., p. 601-602 apud FRITZ, Karina Cristina Nunes. Ob. cit., p. 57.

[306] COSTA, Mário Júlio de Almeida. Ob. cit., p. 60-61.

[307] PINTO, Carlos Alberto da Mota. Cessão de contrato. Ob. cit., p. 291.

[308] WESTERMANN, Herm Peter. *Código Civil alemão:* direito das obrigações – parte geral. Tradução Armindo Edgar Laux. Porto Alegre: Sergio Antonio Fabris Editor, 1983, p. 109.

[309] LARENZ, Karl. *Derecho de obligaciones.* Ob. cit., p. 144.

-fé e a confiança, próprias desses deveres de consideração, devem ser consideradas, ainda que o negócio jurídico não se concretize.

Há divergência na doutrina com relação ao tipo de responsabilidade que a *culpa in contrahendo* gera, de maneira que Rogério Donnini ensina que, perante as relações de direito civil e comercial, a solução se dá pela regra geral de responsabilidade civil do art. 186 do Código, ou seja, extracontratual ou aquiliana[310]. Isso quer dizer que o rompimento imotivado das negociações no momento em que não há contrato configura ato ilícito, ainda que haja a imposição de um comportamento das partes segundo a boa-fé.

Para Massimo Bianca, a *culpa in contrahendo* não equivale a um inadimplemento contratual, tendo em vista não tutelar o interesse ao adimplemento, mas sim o interesse do sujeito em não ser envolvido em uma negociação inútil, ou não estipular um contrato inválido ou ineficaz[311].

Menezes Cordeiro também situa a violação dos deveres de consideração na fase pré-contratual campo da responsabilidade aquiliana (delitual ou extracontratual), pois não poderiam ser considerados como oriundos da vontade humana, de modo que o comportamento de proteção à esfera pessoal e patrimonial de outrem extrapolaria os interesses de uma relação obrigacional específica[312].

Também leciona nesse sentido Jorge Cesa Ferreira da Silva, para quem os deveres de consideração, quando não inseridos no contrato, só poderiam estar situados no campo da responsabilidade aquiliana, tendo em vista não ser possível separar a contratualidade do dever e a responsabilidade contratual[313]. Mesmo entendimento é adotado por Guido Patti[314] no direito italiano.

Esse posicionamento não é unânime, já que para outra parte da doutrina, a exemplo de grandes nomes como Claus-Wilhelm Canaris, Luís Manuel Teles de Menezes Leitão, Manuel Frada e Antonio Junqueira de Azevedo, a responsabilidade na fase pré-negocial seria oriunda da violação da boa-fé, a partir de um vínculo já existente quando as partes estão

[310] Donnini, *Responsabilidade civil pós-contratual,* cit., p. 221.

[311] Bianca, Massimo. *Diritto civile:* Il contrato. 2. ed., Milano: Giuffrè, 2000, v. 3, p. 156.

[312] Cordeiro, António Manuel da Rocha e Menezes. *Da boa-fé no direito civil.* Ob. cit., p. 640.

[313] Silva, Jorge Cesa Ferreira da. Ob. cit., p. 83.

[314] Patti, Guido. *Responsabilità precontratuale e contratti standard.* Milano: Giufrrè Editore, 1993, p. 36.

prestes a firmar um contrato (o que já presume a observância de deveres específicos), resultando, portanto, em responsabilidade contratual[315].

Di Majo Giaquinto, por sua vez, identifica falhas naqueles dois tipos de classificações, já que para ele não seria facilmente identificável a teoria na hipótese de responsabilidade extracontratual, sob pena de abandonar o terreno do ilícito puro, de modo que o dever genérico de *neminem laedere* se confundiria com as obrigações específicas de respeito e lealdade à integridade do patrimônio alheio decorrentes do contato social, ao mesmo tempo que seria igualmente de difícil identificação como responsabilidade contratual, posto que os deveres de consideração não foram deduzidos em um contrato concluído[316].

Antonio Chaves, nesse mesmo sentido, conclui que é impossível determinar a natureza jurídica da responsabilidade pré-contratual em razão do fato de que as negociações efetuadas antes de se concluir um pacto não têm natureza definida, tratando-se de meras situações de fato[317].

Mariana Deperon enfrenta essa problemática afirmando que ainda que a boa-fé imponha deveres de conduta aos protagonistas de um negócio, não tem o condão de criar uma relação jurídica com vida em si mesma[318].

Já no horizonte de uma relação "quase contratual", Rômolo Russo Jr.[319], na esteira do que definem os escritores germânicos, pontua o seguinte:

> Por esse norte e diante de tantas posturas, nos limites dessas reflexões, o pendor que mais convence é aquele que decompõe o contrato em etapas, sem desprezar o período dos contatos e tratativas inaugurais e seus reflexos na conduta externa das partes, podendo ser defendida a ideia de que a responsabilidade pela violação de um dever pré-contratual se radicaria no contrato a ser celebrado a seguir, constituindo-se uma relação contratual de caráter preparatório, já adjetivada pelo convite a negociar, fato

[315] DONNINI, Rogério. *Culpa post pactum finitum* e *culpa in contrahendo*: responsabilidade aquiliana ou contratual? *Revista Forense*, Rio e Janeiro: Forense, v. 398, 2008, p. 205.

[316] GIAQUINTO, Adolfo Di Majo. Ob. cit., p. 460.

[317] CHAVES, Antonio. Ob. cit., apud RUSSO JR., Rômulo. Ob. cit., p. 32.

[318] DEPERON, Mariana Pazianotto. *Responsabilidade civil pela ruptura ilegítima das tratativas.* Curitiba: Juruá, 1999, p. 228-9.

[319] RUSSO JR., Rômulo. Ob. cit., p. 32.

constitutivo do dever de portar-se com transparência, resguardo, comunicação, conservação, lealdade e boa-fé objetiva.

No direito italiano, a Corte de Cassação[320] (*Suprema Corte di Cassazione*) acomoda a *culpa in contrahendo* segundo a natureza extracontratual da responsabilidade, a teor do art. 1.337 do Código Civil daquele país – entendimento perfilhado pela jurisprudência na França, Espanha e do Brasil[321] –, tendo concluído, no entanto, que a abrangência do art. 1.337 do *Codigo Civile* vai além do rompimento injustificado das tratativas, mas alcança o valor de cláusula geral, cujo conteúdo não pode ser predeterminado de maneira imprecisa, implicando o dever de lealdade e abstenção de comportamentos maldosos ou reticentes, além da obrigação de prestar informação correta à contraparte[322].

Situação diferente ocorre quando a análise é feita sob a luz do Código de Defesa do Consumidor, já que nesse caso pende um vínculo entre consumidor e fornecedor determinado por lei, o que possibilita até mesmo exigir o cumprimento da oferta, o que faz com que a violação esteja no campo da responsabilidade contratual[323]. Para as relações de consumo, portanto, a solução é diferente das relações civis ou comerciais, conforme distingue Rogério Donnini[324] com propriedade:

[320] Suprema Corte di Cassazione. Sezione civile, sentença n. 24.795, de 8 de outubro de 2008.

[321] Sombra, Thiago Luís Santos. Ob. cit., p. 96.

[322] Suprema Corte di Cassazione. Sezione civile, sentença n. 24.795, de 8 de outubro de 2008. “Si è ormai chiarito – come è stato osservato – che l’ambito di rilevanza della regola posta dall’art. 1337 c.c. va bem oltre lipotesi della rottura ingiustificata delle trattative e assume Il valore di uma clausola generale, Il cui contenuto non può essere predeterminato in maniera precisa, ma certamente implica Il dovere di trattare in modo leale, astenendosi da comportamenti maliziosi o anche solo reticenti e fornendo Allá controparte ogni dato rilevante, conosciuto o anche soolo conoscible com l’ordinaria diligenza, ai fine della stipulazione Del Contratto (Cass. N. 19204/2005). La violazione, pertanto, dell’obligo di comportarsi secondo buona defe nello svolgimento delle trattative e nella formazione Del contratto assume rilievo non soltanto nel caso di rotura ingiustificata delle trattative e, quindi, di mancata conclusione Del conatto o di conclusione di um contratto invalido o inefficace (articoli 1338 1398 c.c.), ma anche quando Il contratto concluso sai valido e tuttavia risulti pregiudizievole per La parte vittma dell’altri comportamento scorretto (stessa Cass. 19024/05; e in tal senso, ancorché in relazione ad altra situazione di specie, Cass. S.U. n. 26728/2007).”

[323] Sombra, Thiago Luís Santos. Ob. cit., p. 222.

[324] Donnini, Rogério. *Culpa post pactum finitum*...Ob. cit. p. 206.

> Por outro lado, há que se fazer, no tocante a esse tema, uma diferenciação entre a relação entre particulares, regulada pelo Código Civil, e a relação de consumo, regida pela lei consumerista. No primeiro caso sustentamos que a ruptura imotivada na fase pré-negocial gera o dever de reparar eventuais prejuízos, com fundamento na regra geral de responsabilidade extracontratual ou aquiliana. Todavia, no segundo caso (relação de consumo) não seguimos esse mesmo entendimento, na medida em que o vínculo criado por força de lei (art. 35 do Código de Defesa do Consumidor) entre consumidor e fornecedor, a partir da oferta de produto ou serviço levada a cabo por este último, tem o mesmo efeito de um contrato, em razão do liame estabelecido por lei.
> Nas relações de consumo a responsabilidade pré-contratual não seria extracontratual, mas contratual, em razão do vínculo determinado por força de lei entre consumidor e fornecedor, a partir da oferta por este lançada, que possibilita aquele exigir deste o seu efetivo cumprimento, entre as outras opções previstas no dispositivo analisado (substituição do produto ou serviço ou, ainda, perdas e danos).

Seja como for, o fato é que a questão da *culpa in contrahendo* compreende um problema que surge antes de se concluir um negócio jurídico bilateral, com eficácia de dever para ambas as partes da relação jurídica[325].

A disciplina do art. 422 do Código Civil não se limita apenas à exigência de probidade e boa-fé nas fases contratual e pré-contratual, sendo sua interpretação extensiva, sistematicamente, também à fase pós-contratual. Nesse sentido, Rogério Donnini[326] enfrenta o tema:

> A boa-fé objetiva foi consagrada no art. 422 do novo Código Civil e com ela a responsabilidade pré-contratual e a responsabilidade pós-contratual. Quando determina esse dispositivo que os contraentes devem se ater aos princípios da boa-fé e probidade na conclusão e execução do contrato, reconhece que a proteção reúne as fases anterior e ulterior à celebração do pacto.
> [...]

[325] PONTES DE MIRANDA, Francisco Cavalcanti. *Tratado de direito privado.* Ob. cit., t. 23 a 26, p. 250.

[326] DONNINI, Rogério. *Responsabilidade civil pós-contratual.* Ob. cit., p. 104.

> Portanto, em nossa lei civil, os deveres acessórios (deveres de informação, proteção e lealdade), amparados na cláusula geral de boa-fé (art. 422), se transgredidos no momento posterior à extinção do contrato, dão margem à responsabilidade pós-contratual.

Assim, também sob o enfoque da cláusula geral da boa-fé, de onde decorrem os deveres de consideração, é que encontra guarida a teoria da *culpa post pactum finitum*, que determinará que as partes deverão manter comportamento escorreito reciprocamente na fase que sucede a execução do contrato, tema a ser tratado no item subsequente.

8. Deveres de Consideração na Fase Pós-Contratual – *culpa post pactum finitum*

Encerradas as obrigações dispostas em contrato e executadas as prestações de parte a parte, finda-se a fase contratual, o que poderia levar a crer que não mais subsistiria qualquer vínculo entre os contratantes, que já teriam adimplido seus deveres.

Essa fase que sucede a extinção do pacto é chamada *pós-contratual*, de modo que as relações oriundas dessa fase são comentadas por Mauricio Mota[327] nos seguintes termos:

> Consideram-se relações pós-contratuais aquelas que, resultantes de um contrato, lhe sucedem de maneira independente no tempo. Assim, para que se configurem essas relações é necessário que essas sejam resultado do contrato, que o contrato já tenha terminado e que as relações lhe sejam posteriores no tempo.
>
> A primeira questão fundamental concernente à noção de relações pós-contratuais é a de se estipular a identificação do período pós-contratual, a partir de seu elemento chave: a extinção do contrato.

Sobre a fase pós-contratual também se projetarão os deveres de consideração (lealdade, informação, sigilo e proteção) como forma de evitar

[327] Mota, Mauricio. A pós-eficácia das obrigações revisitada. Ob. cit., p 17.

abusos, injustiças e preservar os objetivos originários das partes quando formalizaram o contrato.

A inobservância desses deveres após a extinção de uma relação obrigacional acarretará responsabilização, o que foi denominado *culpa post pactum finitum*[328], projeção simétrica da *culpa in contrahendo* no período pós-contratual.

A teoria da *culpa post pactum finitum* foi reconhecida inicialmente na Alemanha a partir de casos concretos complexos que trataram situações de desequilíbrio na fase posterior ao encerramento do contrato. Isso quer dizer que, mesmo satisfeitas todas as obrigações de parte a parte, certas condutas posteriores poderiam trazer prejuízo ao antigo contratante, o que não poderia ficar sem proteção pelo ordenamento.

Rogério Donnini desenvolveu trabalho específico sobre o tema da responsabilidade civil pós-contratual, explicando que, apesar de não ser novo, tem escassa doutrina e jurisprudência, enquanto a responsabilidade pré-contratual já é tratada de maneira expressa em várias legislações. Pontua o autor que a teoria da *culpa post pactum finitum* tem sido enfrentada especialmente pelo direito alemão, seguido pelo direito português, detalhando seu surgimento:

> A jurisprudência alemã construiu a teoria da *culpa post pactum finitum* a partir de situações em que, mesmo após o cumprimento da obrigação, nos exatos termos do contrato, continuavam a existir para as partes certos deveres laterais, acessórios ou anexos, também denominados de *deveres de consideração*, que deveriam persistir mesmo posteriormente à extinção da relação jurídica. Esses deveres, segundo a doutrina e a jurisprudência tedescas, não estariam insertos expressamente num contrato ou num ato jurídico unilateral, mas seriam decorrentes do princípio da boa-fé. Dessa forma, a partir da ideia de uma culpa após o término do contrato, desenvolveu-se a noção de responsabilidade pós-contratual, visto que a responsabilidade pré-contratual (*culpa in contrahendo*) já existia, por construção doutrinária e, posteriormente, jurisprudencial[329].

A despeito de os estudos sobre a teoria da *culpa post pactum finitum* terem tido algum destaque a partir de 1910, foi apenas em 1925 que efeti-

[328] CORDEIRO, António Manuel da Rocha e Menezes. *Da boa-fé no direito civil*. Ob. cit., p. 625.
[329] DONNINI, Rogério. *Responsabilidade civil pós-contratual*. Ob. cit., p. 131.

vamente o Tribunal alemão – *Reichsgericht* (RG) – decidiu que o cedente deveria continuar a não impor obstáculos ao cessionário após o término de uma cessão de crédito, decisão que prestigiou a teoria, que novamente foi aplicada no ano seguinte, em 1926, no caso dos herdeiros de Flaubert, quando findo um contrato de edição, os herdeiros do poeta, que detinham os direitos de publicação das obras, estavam impedidos, em razão do dever de lealdade, de fazer concorrência ao editor, por meio da publicação de novas edições, enquanto não esgotadas as anteriores[330].

São três os exemplos clássicos utilizados pela doutrina[331] para narrar a origem e a aplicação da teoria da pós-eficácia obrigacional no direito alemão.

O primeiro caso trata de alienação de um imóvel que possuía uma bela vista para uma colina, que, segundo o vendedor (réu da ação), jamais seria perdida pela compradora (autora da ação), tendo em vista que o plano de urbanização da região impedia que fossem feitas edificações entre o imóvel que estava sendo vendido e a colina.

Realizado o negócio, o preço foi pago e o imóvel entregue, encerrando as obrigações entre as partes. Passado algum tempo, aquele mesmo vendedor que garantiu que a bela vista nunca seria perdida adquiriu parte da área situada entre o imóvel vendido e a colina e conseguiu a alteração do plano de urbanização da região para que pudesse construir no local, o que prejudicou a bela vista que o comprador do imóvel tinha e que foi a razão do preço supervalorizado da venda.

A despeito de inexistir no contrato de compra e venda daquele imóvel qualquer disposição que impedisse tal conduta por parte do vendedor, o comprador, inconformado, ingressou em juízo pleiteando indenização. A tese defendida não logrou êxito em primeira instância, mas o Tribunal de Revista Alemão reformou a decisão, reconhecendo ter havido violação do dever de lealdade e confiança, mesmo que as prestações contratuais tenham sido cumpridas e que nenhuma cláusula tenha tratado com relação à paisagem perdida e ainda que não tenham havido irregularidades na alteração do plano de urbanização feito pelo vendedor.

[330] CORDEIRO, António Manuel da Rocha e Menezes. *Estudos de direito civil:* em honra do Professor Doutor Cavaleiro de Ferreira. Coimbra: Almedina, 1987, v. 1, p. 149 apud DONNINI, Rogério. *Responsabilidade civil pós-contratual.* Ob. cit., p. 132.
[331] Ibidem, p. 133-138.

Nesse exemplo fica claro que o prejuízo experimentado pelo comprador decorreu de violação exclusiva aos deveres de consideração, norma de conduta que deverá subsistir mesmo quando encerradas as obrigações e os respectivos cumprimentos entre as partes. Nesse caso, a justiça não poderia ficar imune a qualquer providência apenas pela falta de previsão contratual da conduta antiética, quando ficou clara a deslealdade por parte do vendedor, que recebeu valor de venda expressivo em razão da bela vista, assegurando que jamais seria perdida, para depois, ele mesmo, dar causa à perda da paisagem.

O segundo caso[332] usualmente apontado para tratar do assunto traz uma relação comercial em que alguém idealizou um certo modelo de casaco de pele e encomendou sua confecção. Fabricados os casacos satisfatoriamente e pago o preço, a relação comercial estava encerrada, até que a fabricante, sem o conhecimento da encomendante, oferece os modelos dos casacos à sua concorrente, desencadeando prejuízos nas vendas.

A ação de indenização proposta pela encomendante foi inicialmente julgada procedente, mas reformada em segunda instância, tendo, porém, o Tribunal de Revista Alemão - BGH (*Bundesgerichtshof*) -, em decisão datada de 1955, reafirmado a decisão de primeiro grau, que reconheceu o direito da comerciante prejudicada por violação dos deveres de lealdade e confiança, já que disposições contratuais em si não foram ofendidas.

O terceiro exemplo de aplicação da teoria trata da compra e venda de um tapete que foi vendido com indicação de instalação por terceiro especialista. Realizado o trabalho, apareceram manchas no tapete após problemas com o processo de colagem e instalação, ocasionando danos na mercadoria. O problema aconteceu, pois a fornecedora do tapete deixou de avisar o instalador acerca de alteração do produto, cujos novos materiais eram incompatíveis com o antigo método de colocação. Em razão disso, o comprador do tapete danificado deixou de efetuar o pagamento da mercadoria, tendo o vendedor promovido ação para seu recebimento. Mais uma vez, o Tribunal alemão reconheceu a violação dos deveres de conduta e deu ganho de causa ao comprador do tapete danificado por falta de informação da fornecedora.

[332] BGHZ 16 (1955) 4-12 (4-5) apud Cordeiro, António Manuel da Rocha e Menezes. *Da pós-eficácia das obrigações*. Estudos de direito civil. Coimbra: Almedina, 1991, v. 1, p. 144.

A ideia central envolvida no desenvolvimento da teoria, e plenamente aplicável aos três casos anteriores, era o prestígio e a submissão aos preceitos *neminem laedere* e *alterum non laedere*, cujas expressões, segundo ensina Rogério Donnini[333], têm o mesmo significado de "a ninguém ofender" e "não lesar a outrem", dando a cada um o que é seu e que servem de fundamento para a teoria da responsabilidade civil.

Isso quer dizer que ainda que um contrato seja regularmente cumprido e encerrado, sem que haja abuso de direito, sem violação de obrigações estabelecidas reciprocamente ou qualquer outra anormalidade, ainda assim subsiste na fase pós-contratual a obrigatoriedade de as partes observarem deveres de consideração, ligados a lealdade, confiança, proteção, informação.

Novamente, em 1956, o mesmo BGH decidiu que, em um contrato de prestação de serviços, o credor dessa prestação que denuncia o contrato por suspeita fundamentada de comportamento criminoso da outra parte, se desfeita tal suspeita ou mesmo provada a ausência de culpa, pode ser obrigado a dar-lhe a possibilidade de readmissão[334].

Apesar de os exemplos narrados terem acontecido na Alemanha, que é o berço da teoria da *culpa post pactum finitum*, é certo que não é uma unanimidade consolidada nos julgados daquele país, existindo várias decisões divergentes sobre o tema, que não chegou a ser ventilado na reforma do Livro das Obrigações do BGB em 2002[335].

O fundamento daquela legislação para aplicação da teoria é o mesmo do § 242 do BGB, que exige o dever da boa-fé para todas as relações

[333] DONNINI, Rogério. Prevenção de danos e a extensão do princípio neminem laedere. In: NERY, Rosa Maria de Andrade; DONNINI, Rogério. *Estudos em homenagem ao Professor Rui Geraldo Camargo Viana*. São Paulo: Revista dos Tribunais, 2009,p. 483.

[334] "Afirma o tribunal que negar ao despedido, possivelmente sem culpa, em todos os casos, a possibilidade de readmissão, significaria grande iniquidade e que esta obrigação de readmitir é um efeito ulterior do vínculo contratual (*Nachwirkung*), simétrico da responsabilidade pré-contratual. A persistência dum dever jurídico de adotar um certo comportamento, conforme a boa-fé, depois da própria prestação contratual, visto ser reconhecida, sempre segundo a sentença, na doutrina e na jurisprudência, mesmo para os casos de troca de mercadorias, deveria, por maioria de razão, ter lugar também na prestação de serviços, onde, aliás, a jurisprudência teria já reconhecido também deveres recíprocos de fidelidade e, do lado do credor do serviço, um dever de assegurar a subsistência da contraparte" (NJW, 1956, p. 1513. apud PINTO, Carlos Alberto da Mota. *Cessão de contrato*. Ob. cit., p. 281).

[335] DONNINI, Rogério. *Responsabilidade civil pós-contratual*. Ob. cit., p. 206.

jurídicas, inclusive para a fase posterior ao encerramento de um contrato, com efeitos não determinados pelos contratantes[336].

Além da difusão que o assunto ganhou na Alemanha, local em que a teoria foi criada e continua sendo aperfeiçoada, Portugal foi o próximo país em que os doutrinadores se empenharam em desenvolver o tema, que está fundamentado no art. 239º do Código Civil português[337]. Menezes Cordeiro[338] enfrenta a questão explicando a relação dos deveres de consideração com o tema da pós-eficácia das obrigações[339]. Sustenta o seguinte:

> III. A pesquisa jurisprudencial das manifestações de pós-eficácia revelou que, extinta uma obrigação, podem subsistir, a cargo das antigas partes, deveres de protecção, de informação e de lealdade. No primeiro caso, constata-se que, concluído e extinto um processo contratual, as partes continuam vinculadas, em termos específicos, a não provocarem danos mútuos nas pessoas e nos patrimônios uma da outra. [...] No segundo, assiste-se à manutenção, a cargo das antigas partes num contrato, de deveres de informação relacionados com o acto antes efectivado: o dever de explicar o funcionamento de uma máquina de tipo novo, antes vendida, ou de prevenir perigos comportados pelo objecto de uma transação encerrada. No terceiro, verifica-se a persistência, depois de finda uma situação obrigacional, do dever de não adoptar atitudes que possam frustrar o objectivo por ela perseguido ou que possam implicar, mediante o aproveitar da antiga posição contratual, a diminuição das vantagens ou, até, o infligir danos ao ex-parceiro.

Isso quer dizer que os deveres de consideração estão intimamente ligados com a teoria da *culpa post pactum finitum*, já que esta pressupõe que as partes observem conduta comportamental correta, sem que os deveres

[336] Idem.

[337] Art. 239º do Código Civil português: "Na falta de disposição especial, a declaração negocial deve ser integrada de harmonia com a vontade que as partes teriam tido se houvessem previsto o ponto omisso, ou de acordo com os ditames da boa-fé, quando outra seja a solução por eles imposta".

[338] Cordeiro, António Manuel da Rocha e Menezes. *Da boa-fé no direito civil.* Ob. cit., p. 628-629.

[339] Para o Professor Donnini, a expressão *pós-eficácia das obrigações* é mais abrangente e tecnicamente mais precisa do que *responsabilidade civil pós-contratual.*

estejam previstos contratualmente e sem que subsista um vínculo formal entre as partes, que pode já estar encerrado.

Embora a doutrina lusitana tenha se debruçado sobre o tema da pós-eficácia das obrigações, a jurisprudência ainda resiste muito na sua aplicação, preferindo analisar os casos concretos sob o prisma da responsabilidade delitual (aquiliana), embora, na verdade, estejam tratando de uma questão de responsabilidade civil pós-contratual[340].

No direito espanhol, a teoria da *culpa post pactum finitum* não foi desenvolvida de forma expressiva[341], embora a boa-fé esteja positivada e apta a garantir aplicação da teoria pela violação aos deveres de consideração (*deberes genéricos de protección y accesorios de cautela y prudencia*) na fase pós-contratual.

Mesma situação ocorreu na França e na Itália, onde a teoria não se desenvolveu de forma expressiva. No direito francês, o tema tem sido rejeitado pela doutrina e pela jurisprudência, embora a boa-fé esteja prevista para os atos da vida civil e existam os *devoirs antérieurs* ou *postéreurs au contrat*, que querem dizer, segundo René Savatier, que a caracterização dos efeitos ulteriores à extinção do contrato se dá quando um dos ex-contratantes se recusa a reconhecer as consequências advindas dessa extinção[342]. Igualmente na Itália, onde também existe a cláusula geral de boa-fé, que implica as partes observarem comportamento correto (*correttezza*), a teoria é ignorada[343].

No Brasil, apesar de a teoria vir se desenvolvendo, entende Mauricio Mota[344] que foi perdida uma excelente oportunidade de o país ser um dos precursores do tema no plano mundial. Isso porque houve um caso clássico, em 1907, tratando do tema da responsabilidade civil pós-contratual, que ganhou ainda maior notoriedade por envolver dois grandes juristas, Rui Barbosa e J. X. Carvalho de Mendonça, tendo a decisão final da justiça reformado pronunciamento anterior que acolhia a teoria.

[340] DONNINI, Rogério. *Responsabilidade civil pós-contratual*. Ob. cit., p. 207.

[341] Segundo Donnini (ibidem, p. 209), a única obra a respeito do tema data de 1965 e é de autoria de José de Los Mozos (*El principio de la buena fe*. Barcelona: Bosch, p. 227-228).

[342] SAVATIER, René. *Traité de la responsabilité civile en droit français*. Paris: LGDJ, 1939, t. 1, p. 148-154 apud DONNINI, Rogério. *Responsabilidade civil pós-contratual*. Ob. cit., p. 214.

[343] Ibidem, p. 213.

[344] MOTA, Mauricio. *A pós-eficácia das obrigações. Questões de direito civil*... Ob. cit., p. 273.

Naquele caso, ocorrido em 1907, o Conde Álvares Penteado e sua esposa venderam a fábrica Sant'Ana à Companhia Nacional de Tecidos de Juta, pagando 10.000 contos de réis, sendo 7.500 contos referentes aos bens da fábrica e 3.000 contos ao prestígio da fábrica em decorrência do renome do Conde.

Passado um ano após a realização do negócio, o Conde Álvares Penteado constituiu nova fábrica, denominada Companhia Paulista de Aniagens, instalando-a no mesmo bairro e desempenhando a mesma atividade comercial daquela fábrica por ele vendida um ano antes. A Companhia Juta, representada por J. X. Carvalho de Mendonça, inconformada com a atitude do Conde, propôs ação judicial em face deste e da nova empresa, Companhia Paulista de Aniagens, requerendo a devolução do pagamento relativo ao intangível da empresa, representado pelo prestígio do Conde, além de perdas e danos, alegando que teria havido verdadeira concorrência desleal e ato doloso por parte de Álvares Penteado.

O Conde, representado por Rui Barbosa, defendeu-se suscitando a liberdade do comércio e inexistência de qualquer cláusula no contrato de que a clientela estaria contemplada na precificação do negócio, tampouco em lei.

A ação inicialmente foi julgada improcedente em primeira instância, sob o argumento de que a limitação do exercício de determinada prática comercial ou industrial somente poderia ser admitida se assumida de forma expressa, sob pena de violação aos preceitos da livre concorrência.

A Companhia Juta recorreu da decisão ao Supremo Tribunal Federal, que condenou a viúva e os herdeiros do Conde ao pagamento de indenização pelos danos causados em decorrência de concorrência desleal. Os réus apresentaram embargos de declaração à Corte, que foram acolhidos por maioria de votos, entendendo ser legítima a conduta do Conde, já que não havia nenhuma previsão expressa em contrato que enfrentasse a questão da clientela, cuja cessão não poderia ser presumida impedindo que o vendedor constituísse nova fábrica.

O entendimento da Corte brasileira à época representou aquilo que prevaleceu no país durante todo o século passado, quando o direito esteve marcado pelo influxo do liberalismo, do individualismo e da ampla autonomia da vontade.

Perante o dispositivo da lei civil brasileira, por mais que a redação do art. 422 do Código disponha sobre os momentos da execução e conclusão do contrato, o fato é que as normas devem ser interpretadas sistematicamente, o que nos leva à conclusão de que a conduta honesta, retilínea e leal que caracteriza a boa-fé objetiva, e que deve ser atendida na fase de conclusão ou execução do contrato, também é extensiva à fase pré e pós-contratual, não obstante haja de fato uma deficiência no texto legal, conforme já sinalizado por Antonio Junqueira de Azevedo[345].

Aliás, precisa a conclusão de Rogério Donnini que, ao tratar especificamente da redação daquele dispositivo, conclui que se aplica às situações relacionadas tanto à *culpa in contrahendo* como também à *culpa post pactum finitum*:

> Embora o artigo em análise tenha uma redação pouco precisa, indiscutivelmente em todas as fases (pré-contratual, contratual e pós-contratual) está ínsito o dever de boa-fé e probidade, mesmo porque se trata de cláusula geral, que impõe essa atitude de probidade e correção não somente nas relações contratuais, mas também em qualquer outra relação jurídica, comando esse de ordem pública, consoante estabelecido no parágrafo único do art. 2.035 do novo Código Civil[346].

Muito embora o fundamento central da teoria da responsabilidade pós-contratual esteja assentado na boa-fé e nos deveres de consideração dela decorrentes, assim como também acontece na responsabilidade pré-contratual, não foi desenvolvida uma regra ou dispositivo específico sobre a teoria nas legislações, passando a ser aplicada muitas vezes de forma implícita decorrente da regra geral de ato ilícito (tal como prefere a jurisprudência lusitana). É o que explica Donnini:

> Na realidade, enquanto algumas legislações positivaram a responsabilidade pré-contratual como, por exemplo, os já mencionados arts. 1137 e 227º dos Códigos italiano e português, respectivamente, além do art. 422 do novo Código Civil brasileiro, não há uma regra específica atinente

[345] Azevedo, Antonio Junqueira de. Insuficiências, deficiências e desatualização do Projeto de Código Civil na questão da boa-fé objetiva nos contratos. *Revista dos Tribunais*, São Paulo, v. 775, p. 11.

[346] Donnini, Rogério. *Responsabilidade civil pós-contratual*. Ob. cit., p. 112.

> à responsabilidade pós-contratual nas relações entre particulares, mas apenas uma regra geral que impõe nas relações jurídicas um comportamento segundo a boa-fé objetiva[347].

Quanto ao tipo de responsabilidade civil que deriva da violação de um dos deveres de consideração a partir de um contrato extinto, Menezes Cordeiro leciona que a responsabilidade poderia variar conforme o caso, ora sendo contratual, ora sendo legal, anotando, no entanto, que para a doutrina portuguesa de Mota Pinto e Almeida Costa, esses deveres teriam natureza contratual[348].

Contudo, a pouca doutrina que enfrenta o assunto da *culpa post pactum finitum* segue, segundo Donnini, no campo da responsabilidade extracontratual, embora para outros, como Luís Manuel Teles de Menezes Leitão, seguindo Canaris, não seria o caso nem de uma, nem da outra, mas sim uma terceira via – *tertium genus* – como uma espécie de regime misto[349].

Para Menezes Leitão, a terceira via da responsabilidade civil estaria atrelada a vínculos específicos, ligados aos deveres das partes no trato negocial, superiores aos denominados deveres genéricos, supedaneados na boa-fé, e não no dever geral de diligência[350].

Isso quer dizer que a terceira via seria outra modalidade de responsabilidade civil, diversa da extracontratual, que está ligada à proteção geral dos bens jurídicos, e diversa da contratual, vinculada aos deveres e obrigações já pactuados.

Assim como a responsabilidade civil pré-contratual não teve previsão específica no Código Civil de 1916, o mesmo sucedeu com a responsabilidade pós-contratual, cuja aplicação decorria de construção doutrinária e jurisprudencial, embora alguns artigos, com base na boa-fé (que não estava positivada, mas que era princípio fundamental), permitissem sua aplicação (arts. 94, 1.082, 1.108, 1.120 e 1.121 do Código Civil de 1916)[351].

[347] Ibidem, p. 90.

[348] MENEZES CORDEIRO, António Manuel da Rocha e. *Da boa-fé no direito civil*. Ob. cit., p. 640 – ver também nota 386.

[349] DONNINI, Rogério. *Responsabilidade civil pós-contratual*. Ob. cit., p. 222.

[350] LEITÃO, Luis Manuel Teles de Menezes. Ob. cit., p. 311 apud DONNINI, Rogério. *Responsabilidade civil pós-contratual*. Ob. cit., p. 223.

[351] Ibidem, p. 97.

Aliás, a não previsão específica da boa-fé no texto de 1916 jamais poderia significar sua não aplicação, o que feriria a própria noção de justiça, conclusão esta expressada por Rogério Donnini, que leciona de forma precisa:

> Em verdade, independentemente de estar prevista expressamente em nossa lei civil substantiva de 1916, a boa-fé, como já dissemos, servia e continua a servir de fundamento quando os deveres acessórios são violados tanto na fase que antecede a celebração de um contrato (*culpa in contrahendo*) como no momento posterior à extinção do pacto (*culpa post pactum finitum*)[352].

A base da teoria *culpa post pactum finitum* não está mais limitada apenas à questão da boa-fé objetiva, mas vai além, sendo necessário ampliar esse fundamento com outros preceitos legais e constitucionais que nortearão qualquer relação jurídica, como a função social do contrato e os preceitos constitucionais da dignidade da pessoa humana, da solidariedade, da igualdade e da justiça social[353]. Prossegue o autor para concluir:

> A violação dos denominados deveres acessórios ou anexos (deveres de consideração), após a extinção de uma obrigação constante de um contrato, fere a cláusula geral de boa-fé e, por conseguinte, sua base inspiradora, que é justamente o princípio da dignidade humana[354].

A função social do contrato, prevista nos arts. 421 e 2.035, parágrafo único, do Código Civil[355], enfatiza o coletivismo em detrimento do indi-

[352] Ibidem, p. 99.
[353] Ibidem, p. 151-175.
[354] Ibidem, p. 174.
[355] "Art. 421. A liberdade de contratar será exercida em razão e nos limites da função social do contrato."
"Art. 2.035. A validade dos negócios e demais atos jurídicos, constituídos antes da entrada em vigor deste Código, obedece ao disposto nas leis anteriores, referidas no art. 2.045, mas os seus efeitos, produzidos após a vigência deste Código, aos preceitos dele se subordinam, salvo se houver sido prevista pelas partes determinada forma de execução.
Parágrafo único. Nenhuma convenção prevalecerá se contrariar preceitos de ordem pública, tais como os estabelecidos por este Código para assegurar a função social da propriedade e dos contratos."

vidualismo, com limitação à autonomia privada, à liberdade de contratar, e o que propicia às partes um procedimento justo, proporcional, que deve estar presente em toda relação contratual[356]. O valor da vontade, como elemento principal e fonte única do vínculo contratual, dá espaço ao nascimento de direitos e obrigações oriundos da relação jurídica contratual[357], o que quer dizer que o contrato passa a ter importância não só para as partes, mas para toda a sociedade[358].

A função social do contrato garante que o pacto esteja inserido no meio social e jurídico, caracterizado pela comutatividade e equilíbrio, prestigiando a confiança e a autorresponsabilidade e com rendimento autônomo (e não por decorrência exclusiva da boa-fé)[359].

Isso quer dizer que a função social do contrato não é somente analisada sob seu aspecto interno, ou seja, não submete apenas os figurantes da relação, mas também possui um aspecto externo, ligado a todas as pessoas, a relevância do contrato perante a própria sociedade, de modo que a função social do contrato pode ser compreendida como o exercício de um direito com aplicação em si mesma.

Já os preceitos constitucionais que alicerçam a responsabilidade civil pós-contratual são os mesmos tratados na seara da responsabilidade pré-contratual, já abordados em item específico, de forma que o sujeito foi alçado ao centro de proteção do ordenamento jurídico, e não mais seu patrimônio, suas coisas, sendo a preocupação humanista e social característica marcante e inovadora da Constituição Federal de 1988.

Para Mauricio Mota[360], que desenvolveu trabalho específico sobre a pós-eficácia das obrigações, os princípios sociais dos contratos, tais como sua função social, a boa-fé objetiva e o equilíbrio contratual, implicaram a substancialização dos direitos e, assim, trouxeram uma nova consideração da eficácia das obrigações após a extinção do contrato. Prossegue esse autor para concluir que:

[356] DONNINI, Rogério. *Responsabilidade civil pós-contratual*. Ob. cit., p. 114.

[357] SAVIGNY, Friedrich Karl Von. *Sistema del derecho romano actual*. Madrid: F. Góngora, 1879, t. 2, p. 354.

[358] MOTA, Mauricio. A pós-eficácia das obrigações revisitada. Ob. cit., p. 3.

[359] ALVIM, Arruda. A função social dos contratos no novo Código Civil. *Revista dos Tribunais*, São Paulo, v. 85, set. 2003.

[360] MOTA, Mauricio. A pós-eficácia das obrigações revisitada. Ob. cit. 2.

> No cerne do trabalho define-se que a pós-eficácia das obrigações constitui um dever acessório de conduta, no sentido de que a boa-fé exige, segundo as circunstâncias, que os contratantes, depois do término da relação contratual, omitam toda conduta mediante a qual a outra parte se veria despojada ou essencialmente reduzidas as vantagens oferecidas pelo contrato. Esses deveres acessórios se consubstanciam primordialmente em deveres de reserva quanto ao contrato concluído, dever de segredo dos fatos conhecidos em função da participação na relação contratual e deveres de garantia da fruição pela contraparte do resultado do contrato concluído.

Menezes Cordeiro explica também a autonomia da teoria, em comparação com a *culpa in contrahendo*, justificando que, além de as bases jurídicas não serem as mesmas, o desaparecimento da obrigação em si ou a inexistência de um contrato futuro altera profundamente o condicionalismo de sua concretização. Prossegue o autor explicando que os vetores materiais que concretizam a boa-fé nas ocorrências de pós-eficácia estão essencialmente ligados à confiança, que, por sua vez, requer proteção no período subsequente ao da extinção do contrato pelo comportamento das partes[361].

Importante destacar que a teoria *culpa post pactum finitum* está ligada à pós-eficácia em sentido estrito (real), não havendo o que falar em deveres expressamente previstos em lei, em contrato ou em deveres que estejam disponíveis para as partes. Conforme já tratado em item próprio, especialmente sob a luz do Código de Defesa do Consumidor, a teoria da responsabilidade pós-contratual não se configura quando diante de pós-eficácia aparente, virtual ou continuada, mas está verdadeiramente ligada à violação de deveres de consideração, não disponíveis para as partes. É essa a conclusão de Rogério Donnini em sua obra dedicada ao tema:

> Conforme já mencionado, nada obsta que esses deveres acessórios estejam previstos em lei. Todavia, tem aplicação a teoria da *culpa post pactum finitum* e, como consequência, gera a pós-eficácia obrigacional em sentido estrito e, de forma menos abrangente, a responsabilidade pós-contratual, somente esses *deveres acessórios* não previstos em lei ou numa avença.

[361] Cordeiro, António Manuel da Rocha e Menezes. *Da boa-fé no direito civil*. Ob. cit., p. 630.

> Se, eventualmente, estiver disposto num contrato um dever acessório, seu descumprimento resultará, para a parte que o causou, o dever de reparar possível prejuízo. Nesse caso a responsabilidade seria contratual e não pós-contratual, pois estar-se-ia diante de um incumprimento de uma obrigação estipulada contratualmente[362].

Dessa forma, o que se conclui é que, encerrada uma relação obrigacional expressa em contrato, as partes permanecem submetidas à observância de deveres de consideração, ligados a normas de conduta e comportamento, sempre com vistas a colaborar com a contraparte ou ao menos não lhe causar lesão ou prejuízo, de forma que, desatendidos esses deveres, incorrerá o ofensor em responsabilidade civil pós-contratual.

[362] DONNINI, Rogério. *Responsabilidade civil pós-contratual.* Ob. cit., p. 182.

9. Liberdade de Contratar x Responsabilidade Pré-contratual

A grande contraposição que se faz em relação à aplicação da responsabilidade pré-contratual (*culpa in contrahendo*) é a questão da liberdade de contratar.

Isso porque na visão clássica, proveniente do século XIX, os três princípios fundantes da disciplina do direito contratual eram: a liberdade das partes (autonomia da vontade, liberdade contratual); o princípio da força obrigatória do contrato (*pacta sunt servanda*); e o princípio da relatividade de seus efeitos (o contrato vincula somente as partes, não beneficiando ou prejudicando terceiros)[363]. Isso quer dizer que todo o edifício do contrato estava acomodado na vontade individual, razão de ser da força obrigatória[364].

Uma das muitas críticas que a teoria da responsabilidade pré-contratual sofreu foi feita por Moreira Alves, que entendia não existir qualquer acordo pré-contratual entre as partes que entrassem em negociações,

[363] Azevedo, Antônio Junqueira de. Princípios do direito contratual e desregulamentação do mercado – Direito de exclusividade nas relações contratuais de fornecimento – função social do contrato e responsabilidade aquiliana do terceiro que contribui para o inadimplemento contratual. *Revista dos Tribunais,* São Paulo, v. 750, p. 115.

[364] Melo, Diogo Leonardo Machado de. Notas sobre a responsabilidade pós-contratual. In: Nanni, Giovanni Ettore (Org.). *Temas relevantes do direito civil contemporâneo:* reflexões sobre os cinco anos do Código Civil. São Paulo: Atlas, 2008, p. 413.

não havendo, por isso, qualquer dever de delas não desistir, o que seria uma extrema mitigação do princípio da liberdade de contratar[365].

Porém a perspectiva mudou, e hoje se vive um momento que Antonio Junqueira de Azevedo denominou *hipercomplexidade* da teoria geral dos contratos, quando tais princípios não mais poderiam subsistir por si sós, devendo a eles ser somados outros três de especial importância: a boa-fé objetiva, o equilíbrio econômico do contrato e a função social[366].

Isso quer dizer que esses três novos princípios – especialmente o da boa-fé objetiva – atrairão a incidência dos deveres de consideração em todas as relações civis, de forma que a liberdade individual não é mais ilimitada, mas encontra um freio justamente na ética, na honestidade, na lisura comportamental das partes.

Isso quer dizer que, à luz das novas disposições legais, há uma remodelação na atual concepção interna do contrato, de forma que a liberdade de contratar e a declaração de vontade sejam exercidas em harmonia com os deveres anexos decorrentes das cláusulas gerais, que incidem também no período de negociações prévias, na formação construtiva do contrato[367].

Carlyle Popp explica que a liberdade negocial, própria da autonomia privada, tem sua origem na necessidade de autogestão dos interesses privados, que conduz à autorresponsabilidade pelos atos praticado. No entanto, os seus limites e justificativa residem na tutela da confiança, de modo que a visão do contrato não é mais aquela decorrente da ótica clássica, mas segue o novo enfoque social, em que o interesse coletivo passa a preponderar[368].

A concepção do contrato como fenômeno social, alinhada aos princípios da função social e boa-fé, dá nova base à interpretação dos pactos, permitindo a visualização de novos deveres aos contratantes, permitindo uma dimensão até então não concebida pelos estudos tradicionais[369].

[365] Moreira Alves, José Carlos. Ob. cit., p. 198.

[366] Azevedo, Antônio Junqueira de. Princípios do direito contratual e desregulamentação... Ob. cit., p. 116.

[367] Russo Jr., Rômolo. Ob. cit., p. 10.

[368] Popp, Carlyle. Ob. cit., p. 60-65.

[369] Silva, Clóvis Veríssimo do Couto e. *A obrigação como processo*. Ob. cit., p. 113 apud Melo, Diogo Leonardo Machado de. Ob. cit., p. 418.

A própria redação do art. 421 do Código Civil[370] trata especificamente da liberdade de contratar, justamente em razão e nos limites da função social do contrato, que hoje se dá de forma intrínseca (interna) e extrínseca (externa). Isso quer dizer que o contrato deverá ser encarado em relação à comutatividade entre as partes (internamente), e em relação ao meio social e jurídico a que está inserido (externamente), possuindo cada qual, rendimento autônomo.

Aliás, é o dever de informação – integrante dos ditos deveres de consideração – que efetivamente possibilitará que sejam criadas condições reais ligadas à liberdade de contratar, já que, consoante Holger Fleischer[371], referido dever possibilita que sejam criadas as condições reais de conhecimento do negócio pelas partes, que a partir daí poderão exercer sua liberdade de decisão verdadeiramente.

Assim, com a passagem do anterior Estado Liberal para o atual Estado Social, não é mais possível defender que a teoria da *culpa in contrahendo* fere a liberdade das partes, já que esta permanece, porém agora, segundo a orientação da boa-fé e de um comportamento ético, de modo que só haverá responsabilidade e reparação se houver efetiva lesão de direito (*nenimem laedere*).

Igualmente a vontade, já que a lisura das partes justamente tem o condão de libertar cada qual para decidirem com todos os elementos razoáveis do negócio[372].

Assim, se por um lado é a liberdade "que faz do homem um ser responsável"[373], por outro, os deveres de consideração reforçam a própria liberdade das partes, que, ao agirem de forma honesta, escorreita e leal, permitirão criar o melhor cenário para realização de qualquer negócio jurídico, quando poderão tomar sua decisão efetivamente de forma livre.

[370] Art. 421 do CC: "A liberdade de contratar será exercida em razão e nos limites da função social do contrato".

[371] Fleischer, Holger apud Silva, Eva Sónia Moreira da. Ob. cit., p. 86.

[372] Russo Jr., Rômolo. Ob. cit., p. 36.

[373] Ghestin, Jacques. *Traité de droit civil.* Ob. cit., p. 293 apud Russo Jr., Rômolo. Ob. cit. p. 20.

10. Segurança Jurídica x Responsabilidade Pós-contratual

As principais preocupações doutrinárias acerca da aplicação da teoria da responsabilidade pós-contratual (*culpa post pactum finitum*) recaem invariavelmente sobre eventual insegurança jurídica, já que especificar violação aos deveres de consideração após a extinção do contrato pode ser considerada uma tarefa com considerável grau de subjetividade por parte do magistrado, especialmente se cumprida a prestação principal assumida[374].

Isso quer dizer que analisar uma possível transgressão ao que propõe a boa-fé objetiva seria uma tarefa que envolve juízo de valor subjetivo de cada pessoa, o que pode sugerir certa insegurança nas relações negociais, já que as pessoas são diferentes em todos os seus aspectos de vida, especialmente comportamentais.

Para Rogério Donnini, essas indagações não comprometem de forma nenhuma a efetiva aplicação da *culpa post pactum finitum* no nosso sistema jurídico, haja vista entender que não é difícil a análise da quebra do princípio da boa-fé em uma relação contratual, já que o simples exame da avença possibilitaria a averiguação de se um ou mais dos deveres de consideração foram ou não violados, embora reconheça que alguns casos demandem uma verificação mais trabalhosa[375].

[374] Donnini, Rogério. *Responsabilidade civil pós-contratual*. Ob. cit., p. 217.

[375] Idem.

Rogério Donnini enfatiza muito bem a necessidade e a importância de atender-se ao comando constitucional da motivação das decisões judiciais para evitar subjetividades na aplicação da teoria, explicando:

> No que tange ao poder subjetivo do juiz de julgar se um fato fere ou não um dever acessório e, por via de consequência, a cláusula geral de boa-fé, trata-se de técnica jurídica avançada e fundamental para a segurança e comportamento ético, indispensáveis em qualquer relação jurídica. Uma decisão judicial, que aponte eventualmente transgressão dos deveres acessórios, deve ser fundamentada, diante de imperativo constitucional (art. 93, IX, da Constituição Federal), consistente no *princípio da motivação das decisões judiciais*, e é passível de reforma na hipótese de julgamento inadequado, razão pela qual a insegurança e a subjetividade não se prestam para inviabilizar a responsabilidade pós-contratual. Além disso, a decisão judicial deve ser proferida nos limites da lei, pois as cláusulas gerais estão positivadas[376].

Assim, tem-se que ao utilizar uma cláusula geral de forma adequada, ou seja, ao motivar sua decisão com a devida fundamentação, o magistrado presta sua função jurisdicional não só ao processo, mas à sociedade, certo que a aplicação de juízo de valor ou até a própria hermenêutica jurídica sempre conterá elementos subjetivos em si mesmos, não sendo, entretanto, razão para insegurança.

Eva Sónia Moreira da Silva também enfrenta o assunto da segurança jurídica diante da aplicação de uma cláusula geral como superação do positivismo jurídico, concluindo que a partir do momento que a jurisprudência tenha por função "preencher" com valores uma dada interpretação, estariam presentes alguns perigos de arbitrariedade ou jogos de interesses políticos, mas que, até como disse Wieacker, se a jurisprudência serve a lei e o direito, então sempre se encontrará vinculada a determinados dados materiais e éticos, de forma que a concretização da boa-fé deverá respeitar fatores de orientação[377].

[376] Donnini, Rogério. *Responsabilidade civil pós-contratual.* Ob. cit., p. 218.
[377] Silva, Eva Sónia Moreira da. Ob. cit., p. 40.

Conclusão

O ordenamento jurídico contemporâneo passou por uma releitura, tendo abandonado os arquétipos sociais do regime absolutista, do liberalismo, da Revolução Industrial, para ingressar em uma nova era, na qual o patrimonialismo passou a dar espaço para anseios sociais.

Isso aconteceu a partir de uma tendência mundial de constitucionalização do direito civil, já que as constituições dos países passaram a prever expedientes antes afeitos apenas à legislação ordinária, tendo a dignidade do ser humano sido alçada a principal valor do ordenamento.

Dentro desse movimento, o direito obrigacional deixou de focalizar apenas o objetivo principal de sua existência, que era o cumprimento, para ser visto sob nova perspectiva, quando surgem os *deveres de consideração*, criados pela doutrina e jurisprudência alemãs – *Nebenpflichten* –, a partir da boa-fé objetiva do § 242 do BGB e do princípio *Treu und Glauben* (lealdade e confiança), e que orientam não só o interesse do cumprimento do dever principal de prestação, mas possuem uma função auxiliar de proteção à pessoa e aos bens das partes contra riscos de danos recíprocos, o que acontece em uma relação horizontal, sem subordinação entre credor e devedor, que deverão observá-los em iguais medidas.

Os deveres de consideração, também chamados deveres laterais, de conduta, acessórios, anexos, de cooperação, não integram nem a prestação principal nem secundárias, mas se relacionam ao melhor processamento da relação obrigacional e à satisfação do interesse das partes, sendo decorrentes da boa-fé objetiva, prevista na legislação civil, e dos princípios da dignidade da pessoa humana, da solidariedade e da justiça social, estes de *status* constitucional.

Desses deveres consiste o dever de lealdade, de informação, de sigilo e proteção, de modo que florescerão e aperfeiçoarão uma relação contratual, em sintonia com a noção do princípio do *neminem laedere*, cuja ideia é não provocar lesão a outrem, o que não apenas está ligado à ideia de reparação civil, mas, antes disso, a própria prevenção de dano.

Os deveres de consideração foram objeto de análise nas principais legislações ocidentais do mundo, sendo reconhecidos e acomodados, em maior ou menor grau, em praticamente todas elas, especialmente nos direitos alemão, português, francês, italiano, argentino e finalmente o brasileiro.

O dever de lealdade pressupõe que a parte atue de forma honesta, com retidão, prestigiando a confiança que a contraparte deposita no negócio, justamente porque dele decorre efetivamente um senso de ética vinculado à ideia de não lesar o próximo, o que se materializa de diversas formas, como a imposição de não rompimento das negociações de forma injustificada, não celebração de contratos incompatíveis com o primeiro, deveres de não concorrência, entre outros.

O dever de informação obriga as partes a esclarecerem todos os aspectos da obrigação que se pretenda entabular, já que a falta de alguma informação relevante poderá lesar aquele que não foi suficientemente informado, comprometendo a razão de ser do próprio negócio, de forma que a parte poderá exercer a autonomia de sua vontade apenas se munida de todas as informações do negócio, suas circunstâncias, efeitos e decorrências.

O dever de sigilo está atrelado à ideia de não prejudicar o outro com divulgação de informações ou dados que se teve acesso seja em virtude das negociações preliminares, seja depois de regularmente cumpridas e encerradas todas as obrigações contratuais.

O dever de proteção foi a base de estudo para o surgimento dos deveres de consideração, e se projeta sobre a integridade física dos contratantes e dos seus bens, a partir da simples proximidade negocial e da figura da confiança, o que para alguns juristas se confunde com a cláusula geral de proteção contra o ato ilícito, que já daria solução para tais questões.

Em resumo, os deveres de consideração imputarão às partes o dever de agir em espírito de colaboração com o outro, antes mesmo de formalizar e concretizar uma avença, durante sua execução, ou ainda após o adimplemento, transcendendo os limites objetivos e temporais do contrato.

Os deveres de consideração, como regra de conduta, não estão positivados no texto de lei, já que, quando estiverem expressamente previstos, significarão dever legal, decorrente de norma. Mesma situação quando previstos em contrato, pois, nesse caso, sua observância acarretaria responsabilidade contratual por descumprimento de obrigação estipulada. Os deveres de consideração em si tratam de deveres não escritos, deveres não pactuados, indisponíveis para as partes, que deverão atendê-los como regra comportamental.

No Código Civil, os deveres de consideração se fundamentam na cláusula geral da boa-fé objetiva, positivada no texto de 2002 a partir do art. 422. Embora hoje esteja prevista expressamente na codificação civil vigente, não quer dizer que não existia anteriormente, já que no Código de 1916, marcado por grande rigor conceitual e apego ao formalismo jurídico, já era possível extraí-la a partir de diversos dispositivos, ainda que não tenha sido encampada como cláusula geral norteadora de comportamento.

A projeção dos deveres de consideração é diferente quando se trata do Código de Defesa do Consumidor, já que nas relações reguladas nesse código há comando legal que trata desses deveres, o que não mais subsiste como norma comportamental, mas sim decorre de lei, que levaria o ofensor a reparar os danos causados por violação de uma norma.

Os deveres de consideração também possuem fundamento constitucional a partir dos princípios da dignidade da pessoa humana, da solidariedade e da justiça social, de amplo alcance social e humano. A importância da dignidade humana veio como uma reação ao positivismo jurídico vinculado à derrota do nazismo alemão e do fascismo italiano, tendo se projetado por meio da Declaração Universal dos Direitos Humanos da ONU, abrindo caminho para sua inserção nos demais sistemas jurídicos do mundo, inclusive o brasileiro, com a Carta de 1988, quando foi positivado logo no art. 1º, III, passando a ser o princípio e a razão de todo o direito. Dele decorrem o princípio da solidariedade, previsto no art. 3º, I, da CF e da justiça social, previsto no art. 170, *caput*, da CF, que servirão de instrumentos para a preservação da própria dignidade.

Os deveres de consideração propostos neste livro incidem desde as negociações preliminares e permanecem mesmo quando encerradas as obrigações entre as partes.

O período de aproximação negocial é aquele marcado pela preparação, discussão, e que vão gerando progressivamente confiança nos figurantes, até que se chegue à formação e conclusão do negócio. Esse período que antecede o pacto, e que não se confunde com o contrato preliminar – quando já existe um arrazoado já formatado –, é chamado pré-contratual ou negocial, de modo que violar algum dos deveres de consideração nessa fase implica a chamada *culpa in contrahendo* ou responsabilidade civil pré-contratual, cuja origem moderna aconteceu na Alemanha com Jhering, estando hoje prevista em diversas legislações, inclusive a brasileira.

A indenização civil decorrente da teoria da *culpa in contrahendo* pressupõe, além da justa expectativa de que o negócio seria concluído, que uma das partes também tenha sofrido efetivo prejuízo, o que não se confunde com o que a parte deixou de ganhar caso o negócio tivesse sido celebrado.

Embora o art. 422 do Código Civil tenha disposto sobre a boa-fé nas fases contratual e pré-contratual, sua interpretação é extensiva à fase pós-contratual, de forma que, encerradas as obrigações contratadas e executadas as prestações, o vínculo entre os contratantes permanece, projetando-se nela os deveres de consideração como forma de evitar abusos, injustiças e a fim de preservar os objetivos originários das partes quando formalizaram o pacto. É o que se denomina *culpa post pactum finitum ou* responsabilidade civil pós-contratual, projeção simétrica da *culpa in contrahendo* para a fase que sucede a execução do contrato, ou seja, pós-contratual.

A *culpa post pactum finitum* teve reconhecimento inicial na Alemanha a partir de casos complexos que trataram situações de desequilíbrio na fase posterior ao encerramento do contrato, que não poderiam ficar sem proteção do ordenamento. Embora seja possível assentar a teoria na legislação de diversos países, o fato é que muitas vezes acaba sendo aplicada de forma implícita decorrente da regra geral de ato ilícito.

A responsabilidade civil pós-contratual reflete a situação de pós-eficácia real das obrigações, em sentido estrito, não havendo que se falar em deveres expressamente previstos em lei, em contrato ou em deveres disponíveis para as partes. Caso isso aconteça, então estar-se-á frente à pós-eficácia aparente, virtual ou continuada e não pós-eficácia real, situação muito comum nas relações de consumo, quando os deveres de lealdade, sigilo, transparência ou proteção estão insertos na lei.

Há divergência na doutrina acerca do tipo de responsabilidade atribuída quando se trata da *culpa in contrahendo* e da *culpa post pactum finitum*, mas o entendimento majoritário que tem prevalecido é de que é responsabilidade aquiliana naquele caso (pré-contrato), e responsabilidade contratual neste (pós-contrato).

Os contrapontos e as críticas que a doutrina faz em relação à teoria da responsabilidade civil pré e pós-contratual estão ligados, em relação àquela, à liberdade de contratar e, em relação a esta, à segurança jurídica. No entanto, críticas e indagações não prosperam quando se observa a nova perspectiva da teoria geral dos contratos, em que a boa-fé objetiva, o equilíbrio econômico e a função social incidem sobre eles, dando nova base de interpretação, quando se formata a liberdade individual e a autonomia da vontade dentro de um novo modelo, baseado na ética e honestidade.

REFERÊNCIAS BIBLIOGRÁFICAS

AGUIAR JÚNIOR, Ruy Rosado de. *Extinção dos contratos por incumprimento do devedor*. 2. ed., Rio de Janeiro: Aide, 2004.

ALPA, Guido. *La responsabilità civile*. Torino: UTET, 1997.

__________. *I pincipi generali*. Milano: Giuffrè, 1993.

ALTERINI, Atilio Aníbal. Contratos: civiles – comerciales – de consumo – teoría general. Buenos Aires: Abeledo-Perrot, 1998.

ALVIM, José Manoel de Arruda. A função social dos contratos no novo Código Civil. *Revista dos Tribunais*, São Paulo, v. 85, set. 2003.

________. *Comentários ao Código Civil brasileiro*: do direito das obrigações. Rio de Janeiro: Forense, 2007. v. 5.

ARISTÓTELES. *Ética à Nicômaco*. Tradução Leonel Vallandro e Gerd Bornheim. São Paulo: Nova Cultura, 1973.

ASSIS, Araken de. *Resolução do contrato por inadimplemento*. 4. ed. São Paulo: Revista dos Tribunais, 2004.

AZEVEDO, Antonio Junqueira de. Responsabilidade pré-contratual no Código de Defesa do Consumidor: estudo comparado com a responsabilidade pré-contratual no direito comum. *Revista de Direito do Consumidor*, São Paulo: Revista dos Tribunais, n. 18, abr.-jun. 1996.

________. Insuficiências, deficiências e desatualização do Projeto de Código Civil na questão da boa-fé objetiva nos contratos. *Revista dos Tribunais*, São Paulo, v. 775.

________. Princípios do direito contratual e desregulamentação do mercado – Direito de exclusividade nas relações contratuais de fornecimento – função social do contrato e responsabilidade aquiliana do terceiro que contribui para o inadimplemento contratual. *Revista dos Tribunais*, São Paulo, v. 750.

BARBOSA, Rui. *As cessões de clientela e a interdição de concorrência nas alienações de estabelecimentos comerciais e industriais*. Obras Completas de Rui Barbosa. Rio de Janeiro: Ministério da Educação e Saúde, 1948. v. XL, t. I.

BDINE JUNIOR, Hamid Charaf. O erro como defeito do negócio jurídico. In: NANNI, Giovanni Ettore (Org.). *Temas relevantes do direito civil contemporâneo:* reflexões sobre os cinco anos do Código Civil. São Paulo: Atlas, 2008.

BENATTI, Francesco. *A responsabilidade pré-contratual*. Tradução Vera Jardim e Miguel Caieiro. Coimbra: Almedina, 1970.

BETTI, Emilio. *Teoria generale delle obbligazioni:* prolegomini, funzione econômico-sociale dei rapporti d'obbligazione. Milano: Giuffrè, 1953. v. 1.

BIANCA, Massimo. *Diritto civile:* Il contrato. 2. ed. Milano: Giuffrè, 2000. v. 3.

CAMBLER, Everaldo. *Curso avançado de direito civil*: direito das obrigações. São Paulo: Revista dos Tribunais, 2001. v. 2.

________. *Fundamentos do Direito Civil brasileiro* – Fundamentos da responsabilidade civil e o abuso de direito. São Paulo: Millennium, 2012.

CANARIS, Claus-Wilhelm. *Pensamento sistemático e conceito de sistema na ciência do direito*. Tradução A. Menezes Cordeiro. 2. ed. Lisboa: Fundação Calouste Gulbenkian, 1996.

________. *La riforma del diritto tedesco delle obbligazioni:* contenuti fondamentali e profili sistematici del Gesetz zur Modernizierung des Schuldrechts. Tradução Giovanni de Cristofato. Padova: CEDAM, 2003.

________. O novo direito das obrigações na Alemanha. *Revista Brasileira de Direito Comparado*, Rio de Janeiro, v. 25, 2003.

________. *Il significato di una regolamentazione generale dell'ogligazione e i titoli I e II del secondo livro del BGB, traduzione a cura dela dott. Maria Cristina Dalbosco, in I cento anni del Codice Civile tedesco in Germania e nella cultura giuridica italiana.* Padova: CEDAM, 2002.

CAPPELARI, Recio Eduardo. Responsabilidade pré-contratual, aplicabilidade ao direito brasileiro. Porto Alegre: Livraria do Advogado Editora, 1995.

CARINGELA, Francesco. *Studi di diritto civile:* obbligazioni e responsabilità. Milano: Giuffrè, 2007. v. 9.

CASSETARI, Christiano. Elementos de Direito Civil. 2. ed. São Paulo: Saraiva, 2013.

CASTRONOVO, CARLO. *La nuova responsabilità civile*. 3. ed. Milano: Giuffrè, 2006.

CHAVES, Antonio. *Responsabilidade pré-contratual*. 2. ed. São Paulo: Lejus, 1997.

COING, Helmut. *Elementos fundamentais da filosofia do direito*. Tradução Elisete Antoniuk. Porto Alegre: Sérgio A. Fabris Editor, 2002.

CORDEIRO, António Manuel da Rocha e Menezes. *Da boa-fé no direito civil*. Coimbra: Almedina, 1997.

________. *Da pós-eficácia das obrigações*. Estudos de direito civil. Coimbra: Almedina, 1991. v. I.

COSTA, Mário Júlio de Almeida. *Direito das obrigações*. 12. ed. rev. e atual. Coimbra: Almedina, 2013.

DEL FANTE, Anna. *Buona fede prenegoziale e principio costituzionale di solidarietà.* in Rass. Dir. Civ., 1983.

DELGADO, José Augusto. *Comentários ao novo Código Civil brasileiro dos fatos jurídicos.* Rio de Janeiro: Forense, 2008. v. II.

DEPERON, Mariana Pazianotto. *Responsabilidade civil pela ruptura ilegítima das tratativas.* Curitiba: Juruá, 1999.

DIAS, José de Aguiar. *Da responsabilidade civil.* 9. ed. Rio de Janeiro: Forense, 1994. v. 1.

DINAMARCO, Marcia Conceição Alves. Te*oria Geral do Processo e Processo de Conhecimento.* São Paulo: Elsevier, 2009.

DINIZ, Maria Helena. *Curso de Direito Civil Brasileiro.* Teoria das Obrigações Contratuais e Extracontratuais. 23ª ed. Saraiva, 2007, vol. 3.

DONNINI, Rogério. *Responsabilidade civil pós-contratual:* no direito civil, no direito do consumidor, no direito do trabalho, no direito ambiental e no direito administrativo. 3. ed. São Paulo: Saraiva, 2011.

_________. Prevenção de danos e a extensão do princípio neminem laedere. In: NERY, Rosa Maria de Andrade; DONNINI, Rogério. *Estudos em homenagem ao Professor Rui Geraldo Camargo Viana.* São Paulo: Revista dos Tribunais, 2009.

_________. *A revisão dos contratos no Código Civil e no Código de Defesa do Consumidor.* 2. ed. São Paulo: Saraiva, 2001.

_________. A Constituição Federal e a concepção social do contrato. In: VIANA, Rui Geraldo Camargo; NERY, Rosa Maria de Andrade. *Temas atuais de direito civil na Constituição Federal.* São Paulo: Revista dos Tribunais, 2000.

_________. Meio ambiente e responsabilidade civil pós-contratual. *Revista de Direito Privado.* São Paulo: Revista dos Tribunais, v. 51, p. 311-330, 2012.

_________. *Culpa post pactum finitum* e *culpa in contrahendo*: responsabilidade aquiliana ou contratual? Rio de Janeiro: *Revista Forense*, v. 398, p. 203-210, 2008.

EHMANN, Hoorst; SUTSCHET, Holger. *La reforma del BGB* [Código civil alemán]: modernización del derecho alemán de obligaciones. Bogotá: Universidad de Colombia, 2006.

ENGEL, Pierre. *Traité des obligations en droit suisse.* 2. ed. Berne: Stampfli, 1997.

FABIAN, Christoph. *O dever de informar no direito civil.* São Paulo: Revista dos Tribunais, 2002.

FABRE-MAGNAN, Muriel. *De l'obligation d'information dans les contrats*:essai d' une théorie. Paris: LGDJ, 1992.

FACCHINI NETO, Eugênio. Reflexões histórico-evolutivas sobre a constitucionalização do direito privado. In: Sarlet, Ingo Wolfgang. *Constituição, direitos fundamentais e direito privado.* Porto Alegre: Livraria do Advogado, 2003.

FAGGELLA, Gabrielle. Dei periodi precontrattuale e della loro vera ed esatta costruzione scientific. In: *Studi giuridici in onore di Carlo Fradda.* 1906. t. 3.

FARIA, Jorge Leite Areias Ribeiro. *Direito das obrigações*. Coimbra: Almedina, 2003.

FARIAS, José Fernando de Castro. *A origem do direito de solidariedade*. Rio de Janeiro: Renovar, 1998.

FERREIRA FILHO, Manoel Gonçalves. *Curso de direito constitucional*. 23. ed. São Paulo: Saraiva, 1996.

FRADA, Manuel António de Castro Portugal Carneiro da. *Contrato e deveres de protecção*. Coimbra: Coimbra Editora, 1994.

________. *Teoria da confiança e responsabilidade civil*. Coimbra: Almedina, 2004. (Coleção Teses).

FRADERA, Véra Jacob de. Dano pré-contratual: uma análise comparativa a partir de três sistemas jurídicos, o continental europeu, o latino-americano e o americano do norte". *In*: *Revista de Informação Legislativa* nº 136. Brasília, ano 34, pp. 175-176, 1997.

FRANZOLIN, Cláudio José. *Inadimplemento dos deveres anexos decorrentes do contrato*. Tese (Doutorado em Direito) – PUCSP, São Paulo, 2008.

FRITZ, Karina Cristina Nunes. *Responsabilidade pré-contratual por rompimento das negociações preliminares*. Dissertação (Mestrado em Direito) – PUCSP, São Paulo, 2005.

FROSSARD, Joseph. *La distinction des obligations de moyens et des obligations de résultat*. Paris: LGDJ, 1965.

GALLO, Paolo. *Conttatto e buona fede:* buona fede in senso oggetivo e transformazioni del contrato. Torino: UTET, 2009.

GIAQUINTO, Adolfo Di Majo. *Delle obbligazioni in generale*. Bologna: Zanichelli, 1988.

GILISSEN, John. *Introdução histórica ao direito*. Lisboa: Calouste Gulbenkian, 1988.

GIUFFRÈ, Felice. *La solidarietà nell'ordinamento costituzionale*. Roma: Giuffrè Editore, 2002.

GOMES, Orlando. *Obrigações*. 10ª ed. Rio de Janeiro: Forense, 1995.

GUESTIN, Jacques. *Les obligations*. Paris: Librairie Générale de Droit et de Jurisdrudence, 1992.

________. *Traité de droit civil*. 3ª ed. Paris: LGDJ, 1994.

HILDEBRANDT. *Erklärungshaftung. Ein Beitrag zum system des bürgerlichen rechtes*. Berlin/Leipzig, 1931.

HOUAISS. *Dicionário da língua portuguesa*. 3. ed. Rio de Janeiro: Objetiva, 2008.

IORIATTI, Elena. Il nuovo codice civile dei Paesi Bassi fra soluzioni originali e circolazione dei modelli. *Rivista di Diritto Civile,* ano 38, n. 1, p.117 e s.

JALUZOT, Béatrice. *La bonne foi dans lês contrats*. Paris: Dalloz, 2001. v. 5.

JHERING, Rudolf Von. *Culpa in contrahendo ou indenização em contratos nulos ou não chegados à perfeição*. Tradução Paulo Mota Pinto. Coimbra: Almedina, 2008.

JUGLART, Michael de. L'oglibation de renseignements dans les contracts. *Revue Trimestralle de Droit Civil*, Paris, v. 43, p. 8, 1945.

KASER, Max. *Direito romano privado*. Tradução Samuel Rodrigues e Ferdinand Hammerle. 2. ed. Lisboa: Fundação Calouste Gulbenkian, 2011.

LARENZ, Karl. *Derecho de obligaciones*. Tradução Jaime Santos Briz. Madrid: Revista de Derecho Privado, 1958. t. 2.

________. *Base del negocio jurídico y cumplimiento de los contratos*. Madrid: Revista de Derecho Privado, 1956.

________. *Derecho justo:* fundamentos de ética jurídica. Madrid: Civitas, 1993.

________. *Allgemeiner Teil des Bürgerlichen Rechts*. Atualização Manfred Wolf. München: C. H. Beck, 2004.

________. *Lehrbuch des Schuldrechts*: allgemeiner Teil. 1. Band. Müchen: Beck, 1982.

________. *Metodologia da ciência do direito*. Tradução José Lamego, 3ª ed., Lisboa: Fundação Calouste Gulbenkian, 1997.

________. *Culpa in contrahendo, dever de segurança no tráfico e "contato social"*. Tradução Karina Cristina Nunes Fritz. *Revista de Direito Privado*, São Paulo, n. 34, abr.-jun. 2008.

LEITÃO, Luis Manuel Teles de Menezes. *Direito das obrigações*. 7. ed. Coimbra: Almedina, 2008. v. 1.

LIMA, Alceu Amoroso. *Introdução ao direito moderno*. 4. ed. Rio de Janeiro: Loyola, 2001.

LÔBO, Paulo. *Direito das obrigações*. Teoria geral das obrigações. São Paulo: Saraiva, 2005.

LOPES, Miguel Maria de Serpa. *Curso de direito civil*. 4. ed. Rio de Janeiro: Freitas Bastos, 1991. v. 3.

LOS MOZOS, José Luis de. *El principio de la buena fe*: sus aplicaciones prácticas en el derecho civil español. Barcelona: Bosch, 1965.

LOTUFO, Renan. Da oportunidade da Codificação Civil e a Constituição. In: SARLET, Ingo Wolfgang (Org.). *O novo Código Civil e a Constituição*. Porto Alegre: Livraria do Advogado, 2003.

________. *Código Civil comentado*: parte geral [arts. 1º a 232]. São Paulo: Saraiva, 2003. v. 1.

________. *Código Civil comentado*: obrigações parte geral. São Paulo: Saraiva, 2003. v. 2.

MARINANGELO, Rafael. *A violação positiva do contrato e o inadimplemento dos deveres laterais impostos pela boa-fé*. Tese (Mestrado em Direito) – PUCSP, São Paulo, 2005.

MARQUES, Cláudia Lima. *Contratos no Código de Defesa do Consumidor*. 3. ed. São Paulo: Revista dos Tribunais, 1999.

MARTINS-COSTA, Judith. *A boa-fé no direito privado:* sistema e tópica no processo obrigacional. São Paulo: Revista dos Tribunais, 1999.

________. *Comentários ao novo Código Civil:* do inadimplemento das obrigações. Arts. 304 a 388. In: TEIXEIRA, Sálvio de Figueiredo (Coord.). Rio de Janeiro: Forense, 2003.

MEDICUS, Dieter. *Culpa in contrahendo.* Tradução italiana Maria Rosaria Marella. *Rivista critica del diritto privato,* ano II, n. 3, 1984, p. 574-6.

MELO, Diogo Leonardo Machado de. Notas sobre a responsabilidade pós-contratual. In: NANNI, Giovanni Ettore (Org.). *Temas relevantes do direito civil contemporâneo:* reflexões sobre os cinco anos do Código Civil. São Paulo: Atlas, 2008.

________. Cláusulas contratuais gerais. 1. ed. São Paulo: Saraiva, 2008.

MENDONÇA, J. X. Carvalho de. *Tratado de direito comercial brasileiro.* 4. ed. Rio de Janeiro, 1947, v. 6.

MESSINEO, Francesco. *Dottrina generale del contratto.* Milano: Giuffrè Editore, 1948.

MONTEIRO, Jorge Ferreira Sinde. *Responsabilidade por conselhos, recomendações e informações.* Coimbra: Almedina, 1989.

MORAES, Maria Celina Bodin de. Princípio da solidariedade. In: PEIXINHO, Manoel Messias et al. (Org.). *Os princípios da Constituição de 1988.* Rio de Janeiro: Lumen Juris, 2001.

MOREIRA ALVES, José Carlos Moreira. A boa-fé objetiva no sistema contratual brasileiro. *Rivista de Diritto dell'Integrazione e Unificazione de Diritto in Europa e in America Latina,* Roma e America, n. 7, p. 198, 1999.

________. *Direito romano.* 15. ed. Rio de Janeiro: Forense. 2012.

MOTA, Mauricio. *Questões de direito civil contemporâneo.* Rio de Janeiro: Elsevier, 2008.

________. A pós-eficácia das obrigações. In: TEPEDINO, Gustavo (Org.). *Problemas de direito civil-constitucional.* Rio de Janeiro: Renovar, 2000.

________. A pós-eficácia das obrigações revisitada. Disponível em:_<http://www.estig.ipbeja.pt/~ac_direito/0310-PosEficaciaObrigaRevisitadas.pdf>. Acesso em: 9 janeiro 2014.

MOZOS, José De Los. *El principio de la buena fe.* Barcelona: Bosch, 1965.

NANNI, Giovanni Ettore. Org. O dever de cooperação nas relações obrigacionais à luz do princípio constitucional da solidariedade. In: *Temas relevantes do direito civil contemporâneo.* São Paulo: Atlas, 2008.

_________. Org. Abuso do direito. In: *Teoria geral do Direito Civil.* São Paulo: Atlas, 2008.

_________. Renan Lotufo. (Org.). A evolução do direito civil obrigacional: a concepção do direito civil constitucional e a transição da autonomia da vontade para a autonomia privada. In: *Cadernos de direito civil constitucional* – caderno 2. 1ed. Curitiba: Juruá, 2001, v. 1.

NASH, John. Jogos cooperativos de duas pessoas. *Econometrica*, 21, p. 128-140, 1953.

NERY, Rosa Maria de Andrade. Apontamentos sobre o princípio da solidariedade no sistema de direito privado. *Revista de Direito Privado*, São Paulo, v. 17.

________. *Introdução ao pensamento jurídico e à teoria geral do direito privado*. São Paulo: Revista dos Tribunais, 2008.

NEVES, José Roberto de Castro. Boa-fé: posição atual no ordenamento jurídico e perspectiva de sua aplicação nas relações contratuais. *Revista Forense*, Rio de Janeiro, v. 351, set.-2000.

NORONHA, Fernando. O direito dos contratos e seus princípios fundamentais: autonomia privada, boa-fé e justiça contratual. São Paulo: Saraiva, 1994.

________. *Direito das obrigações:* fundamentos do direito das obrigações. São Paulo: Saraiva, 2003. v. 1.

PEREIRA, Régis Fichtner. *A responsabilidade pré-contratual:* teoria geral e responsabilidade pela ruptura das negociações contratuais. Rio de Janeiro-São Paulo: Renovar, 2001.

PERLINGIERI, Pietro. *Perfis do direito civil:* introdução ao direito civil constitucional. Tradução Maria Cristina de Cicco. Rio de Janeiro: Renovar, 1997.

________. *Il diritti civile nella legalità costituzionale*. Napoli: Edizioni Scientifiche Italiane, 1991.

PICOD, Yves. *Le dovoir de loyauté dans l'exécution du contrat*. Paris: Librairie Générale de Droit et de Jurisprudence, 1989.

PINTO, Carlos Alberto da Mota. *Cessão de contrato*. São Paulo: Saraiva, 1985.

________. *A responsabilidade pré-negocial pela não conclusão do contrato*. Coimbra: Universidade de Coimbra, 1966.

PIOVESAN, Flávia. Direitos humanos, o princípio da dignidade humana e a Constituição brasileira de 1988. *Revista dos Tribunais*, São Paulo, v. 833, p. 44.

PLÁCIDO E SILVA. *Vocabulário jurídico*. 28. ed. São Paulo: Forense, 2013.

PONTES DE MIRANDA, Francisco Cavalcanti. *Tratado de direito privado*. Campinas: Bookseller, 2003, t. 23 a 26.

POPP, Carlyle. *Responsabilidade civil pré-negocial:* o rompimento das tratativas. 6. ed. Curitiba: Juruá, 2011.

PRATA, Ana. *Notas sobre responsabilidade pré-contratual*. Coimbra: Almedina, 2005.

REALE, Miguel. *Nova fase do direito moderno*. 2. ed. São Paulo: Saraiva, 1998.

________. *História do novo Código Civil*. São Paulo: Revista dos Tribunais, 2005.

________. *O projeto do novo Código Civil*. 2. ed. São Paulo: Saraiva, 1999.

RIBEIRO, Joaquim de Sousa. *Cláusulas contratuais gerais e o paradigma do contrato*. Coimbra: Coimbra Editora, 1990.

RODOTÀ, Stefano. *Il problema della responsabilità civile.* Milano: Giuffrè Editore, 1964.

ROPPO, Enzo. *O contrato.* Coimbra: Almedina, 1988.

________. *Contratti standard:* autonomia e controlli nella disciplina delle attività negoziali di impresa. 2. ed. Milano: Giuffrè, 1989.

RUBIO, Delia Matilde Ferreira. *La buena fe:* el principio general en el derecho civil. Madrid: Montecorvo, 1984.

RUBIO, Maria Paz Garcia. *La responsabilidad precontractual en el derecho español.* Madrid: Tecnos, 1991.

RUSSO JR., Rômolo. *Responsabilidade pré-contratual.* Salvador: JusPodivum, 2006, v. II, p. 33. (Coleção Temas de Direito Civil em homenagem a Teixeira de Freitas, coordenada por Rodrigo Mazzei).

________. *A responsabilidade civil pré-contratual.* Dissertação (Mestrado em Direito) – PUCSP, São Paulo, 2003.

SÁ, Fernando Augusto Cunha de. *Direito ao cumprimento e direito a cumprir.* Coimbra: Almedina, 1997.

SALEILLES, Raymond. De la responsabilité précontratuelle. *Revue Trimestrielle de Droit Civil,* Paris, n. 72, p. 697-751, 1974.

SANTIAGO NINO, Carlos. *El constructivismo ético.* Madrid: Centro de Estudios Políticos y Constitucionales, 1989.

SANTOS, J. M. Carvalho. *Código Civil brasileiro interpretado.* Rio de Janeiro: Carvino Filho, 1936. v. 16.

SARLET, Ingo Wolfgang. *Dignidade da pessoa humana e direitos fundamentais na Constituição Federal de 1988.* 6. ed. Porto Alegre: Livraria do Advogado, 2008.

SAVATIER, René. *Traité de la responsabilité civile en droit français.* Paris: LGDJ, 1939. t. 1.

SAVIGNY, Friedrich Karl Von. *Le droit des obligations.* Paris, 1873. v. 1.

________. *Sistema del derecho romano actual.* Madrid: F. Góngora, 1879. t. 2.

SCHREIBER, Anderson. *A proibição de comportamento contraditório:* tutela da confiança e venire contra factum proprium. Rio de Janeiro: Renovar, 2005.

SILVA, Clóvis Veríssimo do Couto e. O princípio da boa-fé no direito brasileiro e português. In: FRADERA, Vera Maria Jacob de (Org.). *O direito privado brasileiro na visão de Clóvis do Couto e Silva.* Porto Alegre: Livraria do Advogado, 1997.

________. O direito civil brasileiro em perspectiva histórica e visão de futuro. In: FRADERA, Vera Maria Jacob de (Org.). O direito privado brasileiro na visão de Clóvis do Couto e Silva. Porto Alegre: Livraria do Advogado, 1997.

________. *A obrigação como processo.* Rio de Janeiro: FGV, 2006.

SILVA, Eva Sónia Moreira da. *Da responsabilidade pré-contratual por violação dos deveres de informação.* Coimbra: Almedina, 2003.

SILVA, Jorge Cesa Ferreira da. *A boa-fé e a violação positiva do contrato*. Rio de Janeiro: Renovar, 2002.

SILVA, José Afonso da. *Comentário contextual à Constituição*. 5. ed. São Paulo: Malheiros, 2008.

SILVEIRA, Alípio. *Da boa-fé no direito civil*. São Paulo: Ed. Universitária de Direito, 1972. v. 1.

SOERGEL/SIEBERT/KNOOP. *Burgerlichen Gesetzbuch mit Einfuhrungsgesetz und Nebengesetzen*. 10. ed. Stuttgart/Berlin/Koln/Mainz, 1967.

SOMBRA, Thiago Luís Santos. *Adimplemento contratual e cooperação do credor*. São Paulo: Saraiva, 2011.

STIGLITZ, Rubén S. La obligación precontractual y contractual de información. El deber de consejo. *Revista de direito do consumidor*, São Paulo, n. 22, p. 9-35, abr.-jun. 1997.

STOLL, Heinrich. *Haftung für das Verhalten während der Vertragsverhandluugen*, 1923.

TELLES, Inocêncio Galvão. *Direito das obrigações*. 7ª ed. Coimbra: Coimbra, 1997.

THEODORO JÚNIOR, Humberto. *Comentários ao novo Código Civil* – arts. 185 a 232. 2. ed. Rio de Janeiro: Forense, 2003. v. III, t. II.

TRABUCCHI, Alberto. *Instituzioni di diritto civile*. 39. ed. Padova: CEDAM, 1999.

TREVISAN, Marco Antônio. Responsabilidade civil pós-contratual. *Revista de Direito Privado,* São Paulo, n. 16, out.-dez. 2003.

TUHR, Andreas Von. *Tratado de las obligaciones*. Tradução W. Roces. Madrid: Reus S. A, 1999. t. I.

VARELA, Antunes. *Das obrigações em geral*. 10. ed. Coimbra: Coimbra Editora, 2000. v. 1.

VENOSA, Sílvio de Salvo. *Direito civil*. 3. ed. São Paulo: Atlas, 2003.

__________. *Teoria geral das obrigações e teoria geral dos contratos*. 2. ed. São Paulo: Atlas, 2002. v. 2.

VIDAL, Marciano. *Para comprender la solidaridad*. Tradução Míriam Godinho. Vila Nova de Gaia: Perpétuo Socorro, 2005.

VILLEY, Michel. *A formação do pensamento jurídico moderno*. Tradução Cláudia Berliner. Rio de Janeiro: Martins Fontes, 2005.

________. *Direito romano*. Tradução Fernando Couto. Porto: Rés Jurídica, 1991.

WALD, Arnoldo. *Direito das obrigações*: teoria geral das obrigações e contratos civis e comerciais, 15. ed. São Paulo: Malheiros, 2001.

WEBER, *J. Von Staudingers Kommentar zum Burgerlichen Gesetzbuch mit Einfuhrungsgesetz und Nebengesetzen: recht der Schuldverhaltnisse*. 11. ed. Berlin, 1961. v. 2.

WESTERMANN, Herm Peter. *Código Civil alemão:* direito das obrigações – parte geral. Tradução Armindo Edgar Laux. Porto Alegre: Sergio A. Fabris Editor, 1983.

WIEACKER, Franz. *História do direito privado moderno.* Tradução Antonio Manuel Botelho Hespanha. Lisboa: Fundação Calouste Gulbenkian, 1980.

________. *El principio general de la buena fe.* Tradução José Luis Carro. 2. ed. Madrid: Civitas, 1986.

ÍNDICE